フェイクと憎悪

歪むメディアと
民主主義

永田浩三
［編著］

大月書店

フェイクと憎悪　目次

Ⅱ 公正な言論空間とは

序章　いまメディアに何が起こっているのか

永田浩三
武蔵大学教授／メディア社会学

1　はじめに――「フェイクと憎悪」が事実を侵食する

二〇一八年三月、アメリカ合衆国の地方テレビのキャスターが、ニュースの中で一斉に同じメッセージを読み上げた。

「いま無責任で、一方的なニュース記事がわたしたちの国を悩ませています。一部メディアはこうしたフェイクニュースを発信しています。真実ではないだけでなく、事実の点検さえもしていないのです。……わたしたちは真実を追い求め、公平でバランスのとれた、事実に基づくニュースを発信するために努力します」

各局のアナウンサーが統一したメディア批判を読み上げる。かつてない異常なできごとだった。なぜ、そのようなことが起きたのか。

四月四日付朝日新聞朝刊によれば、読み上げさせたのは、米国で一九八の放送局を保有するメディア企業「シンクレア」。一字一句違えず読み上げることを各局に強制していた。

異なるメディアが統一されたメッセージを読み上げることに、言論の自由や民主主義の危機を感じたひとは多かった。だが、問題はそれにとどまらない。批判の真の矛先は、フェイクニュースに向けられたものではなく、トランプ政権への厳しい批判を止めないCNNなどのメディアだとみられていることだ。案の定、トランプ大統領は「シンクレア」を擁護するツイートをおこなった。

「フェイクニュースのテレビ局が、シンクレアを偏っていると批判するのには笑ってしまう。シンクレアはCNNやNBCよりも断然優れている」

今回のできごとは、フェイクニュース批判を装いながらも、その内実は、トランプ大統領に盾突くメディアは許さないぞという政権からの強烈な警告であった。

これは対岸の火事ではない。日本では、ネットの世界や町の書店の棚には、嘘を垂れ流し、他者を傷つけても構わない、いや傷つけることを主眼に置いたとしか思えないほどの憎悪が溢れている。

「フェイクと憎悪」の世界を解析することは容易なことではない。戦後育ててきたはずの人権や平和主義、多様性の尊重といった理念に経年劣化が起きていること。国境を超えて進むグローバリズムと新自由主義。負の歴史に向きあうことを避ける歴史修正主義や反知性主義。ネットの世界がもつ即時性と共有性。都合のよいニュースや意見だけに囲い込まれて分断されていく社会。従来のメディアへの長年にわたる不信の蓄積。政治家たちの言語の劣化と情報操作。人種差別禁止法が存在しない日本の制度上の不備などなど。さまざまな要因が入り混じって起きている。

「フェイクと憎悪」が牙をむき、社会がそれと共振すると、とんでもなく恐ろしいことが起こる。歴史的に言えば、マッカーシズムしかり、ナチズムしかり。例を挙げればきりがない。それほど世の中は間違いやすく、残酷なものだと思う。

わたしはと言えば、三〇年以上にわたってテレビドキュメンタリー、教養・報道番組の世界に身を置き、その後メディア研究に転じた。そうした経験を踏まえて、いまのメディアの状況が心配でならない。

本書は、新聞、放送、出版、書店、インターネット等、それぞれの最前線で活躍するひとたちと、気鋭の研究者や運動家が、「フェイクと憎悪」の内側に生々しく迫り、この歪んだメディアの現実にどうすれば歯止めをかけ、日本社会に健やかさをもたらすことができるかを論じるものである。

2　放送法第四条の撤廃が意味するもの

二〇一八年三月末、日本のテレビ界を震撼《しんかん》させるニュースが飛び込んできた。

安倍政権が、これまでの放送制度を劇的に見直し、通信との統合を進めていく案の骨子が明らかになったのである。民放テレビ局は、ネットによる動画配信サービスと同列に扱われる。公共的な観点から電波を振り分けてきたこれまでの歴史に終止符を打ち、誰でも参入できるようにし、多様なニュースや番組を流通させるのがねらいだという。

安倍総理は、二月六日の衆議院予算委員会で放送改革について語った。「私は以前、ＡｂｅｍａＴＶに出演したが、ネットテレビは視聴者の目線に立てば地上波とまったく変わらない。通信と放送の垣根がなくなるなか、国民の共有財産である電波を有効活用するため、放送事業のあり方の大胆な見直しが必要だ」

一見もっともらしく聞こえる。安倍氏が出演した番組は、出版社・幻冬舎社長の見城徹氏が司会を務める。

持論を勝手に展開でき、持ち上げてくれるネットテレビは安倍氏が大好きなメディアだ。

AbemaTVは、サイバーエージェントとテレビ朝日が出資し二〇一六年四月に開局した若いネット放送局だ。ニュースのみならずアニメ、バラエティやドラマまで、地上波の民放テレビと見まがうばかりの編成で、一カ月のアクティブユーザー数は公称一〇〇〇万人にのぼり、もはや無視できない存在となっている。

案の取りまとめの舞台は内閣府所管の規制改革推進会議である。放送を所管する総務省はまったく関係していない。議長には、竹中平蔵氏の後継者のひとりとされる大田弘子氏（政策研究大学院大学教授）。そして委員として、NHK経営委員長時代、官邸との距離が近すぎることでしばしば批判を浴びた古森重隆氏（富士フイルムホールディングス代表取締役会長兼CEO）、フェイクニュースで問題となったMXテレビ『ニュース女子』でキャスターを務めた長谷川幸洋氏（元東京・中日新聞論説副主幹）、植村隆氏への誹謗中傷をめぐる名誉毀損裁判で櫻井よしこ氏の代理人を務める林いづみ氏（弁護士）など、安倍政権の応援団が居並ぶ。

今回の動きにはどこかで既視感があった。二〇〇六年に注目された、竹中懇と言われる「放送と通信をめぐる懇談会」である。NHKのFM放送の廃止や民営化などを視野に入れる提言をまとめ、NHKへの揺さぶりがなされた。当時は、紅白歌合戦を担当したプロデューサーが公金を使いこんだり、放送界最大のスキャンダルともいわれるETV2001番組改変事件が発覚したり、公共放送が揺れに揺れていた時期だ。

ETV事件では、安倍氏が官房副長官だった二〇〇一年一月に、放送前の番組の中身に意見を述べたことで番組内容が大きく変わり、その後朝日新聞のスクープによって事件の輪郭が判明した。わたしはプロデューサーとして改変の渦中におり、当時の混乱や緊張感をはっきり覚えている。ことの本質は言論・表現の自由の侵害にあり、同じ轍を踏まないための体制づくりをすべきであった。しかし、議論はNHKへの管理を内部と外部から強化するという方向にずれていった。

今回の改革案の背景にあるのは、地球規模で進む通信とドメスティックな放送との融合という流れと、日本のコンテンツ産業をより大きなビジネスにしたいという産業界の思惑である。

通信と放送の融合を進めるにあたって、規制のレベルをどちらの側に揃えるかが重大な問題だ。通信業界が新規参入するためには、放送のような縛りの存在は大きな障壁になる。ならば、それを取り除けばいいと官邸は考えた。

放送法第四条にはこう書かれている。


放送事業者は、国内放送及び内外放送（中略）の放送番組の編集に当たっては、次の各号の定めるところによらなければならない。
一　公安及び善良な風俗を害しないこと。
二　政治的に公平であること。
三　報道は事実をまげないですること。
四　意見が対立している問題については、できるだけ多くの角度から論点を明らかにすること。

放送は政治的に公平でなければならないし、事実を曲げてはならないという決まりがある。が、その一方で、放送法第三条には「放送番組は、法律に定める権限に基づく場合でなければ、何人からも干渉され、又は規律されることがない」とも書かれている。「放送の自立」、これは日本国憲法第二一条に記された「言論・表現の自由」に基づく規定である。

翻って、放送法第一条二項・三項にはこう明記されている。

二　放送の不偏不党、真実及び自律を保障することによって、放送による表現の自由を確保すること。

三　放送に携わる者の職責を明らかにすることによって、放送が健全な民主主義の発達に資するようにすること。

「放送の不偏不党、真実及び自律を保障」するのは、政府であり日本社会であると解釈されている。時の政権がどれほど強大であっても、放送を自分たちの都合のよいものとして扱ってはならないし、放送は健全な民主主義社会のためにあらねばならないのだ。

一九五〇年に放送法が生まれたとき、「政治的公平」の文言は、NHKの内部にあった「政見放送における内規」がそのまま流れ込んだと言われている。したがって当初は、日々の放送や個別の番組における政治的公平を厳しく縛るものとは解釈されなかった。

しかし、解釈は次第に変わっていく。そのひとつは、この「政治的公平」という条文があることで、不埒な政治家からの攻撃から放送が守られるという「お守り」論だ。政治家はいつも無理難題を放送局に押しつけてくる。自分たちは視聴者の代表であり、放送局に要求するのは当たり前だという意識のひとが多い。政権与党であろうが野党であろうが変わらない。NHKでいえば、ニュースへのクレームから朝ドラの誘致陳情まで、さまざま受けなければならない。そんなとき、跳ね返す根拠となるのがこの「政治的公平」というお守りだった。わたしは先輩たちからこの「お守り」論をずいぶん聞かされた。

3 「政治的公平」という諸刃の剣

ところが、このお守りが攻撃の材料に使われることが起きた。前述のETV2001事件では、当時の安倍官房副長官が、松尾武・放送総局長に対して「公平公正にやってくれ」と伝えたと言われている。

少し説明が必要だろう。番組は日本軍の「慰安婦」となり被害を受けた女性たちの問題を扱うものだった。安倍氏たちは、元「慰安婦」の証言は信用できないという立場をとり、被害者の立場にウェイトを置いて番組を作ることは「偏向」していると考えた。つまり「公平公正」とは、慰安婦問題を取り上げることは許さない、ただではおかないという恫喝の意味を含んでいたと解釈できる。安倍氏とのやりとりの後、松尾総局長はNHKに戻るなり、編集長であるわたしに劇的な改変を命じたのだった。

このように、「公平」という言葉は脅しの道具になることもある。実は、慰安婦問題についての日本政府の基本的な立場は、河野洋平官房長官の談話が出された一九九三年から変わっていない。番組は日本政府の立場も尊重しつつ作られ、特別踏み込んだ内容ではなかった。それだけはあえて記しておきたい。

もうひとつの「政治的公平」をめぐる例。二〇一五年に可決された安保法制について、TBS『NEWS23』の岸井成格《しげただ》キャスターは「安保法は憲法違反であり、〝メディアとしても〟廃止に向けて声をずっとあげ続けるべき」と発言した。キャスターとしては当然の警鐘であった。しかし、このことをめぐって、作曲家すぎやまこういち氏らによって作られた「放送法遵守を求める視聴者の会」が抗議し、岸井キャスターの発言は放送法第四条に抵触するとして、読売新聞と産経新聞に全面の意見広告を掲載した。放送局に免許を与える側の高市早苗総務相（当時）は、第四条違反が、放送全体でなく個別の番組においてなされた場合でも、当該局の停波もありうると発言した。

翌二〇一六年三月、日本の報道番組の看板キャスターである、岸井成格、古舘伊知郎、国谷裕子の三人が相次いで番組を去ることになった。いずれのキャスターも、安倍政権が推し進める政策の危険性への指摘を止めなかった。そのことと降板との間に関係はなかったのか、官邸の圧力はなかったのか、今日まで論議が続いている。

こうした日本のメディア状況を危惧して、同年四月、国連人権理事会の「表現の自由の促進」に関する特別報告者デービッド・ケイ氏（米カリフォルニア大学法科大学院教授）が来日し、政府や報道の関係者にヒアリングをおこなった。聞き取りは丁寧かつ精力的に続けられた。わたしもケイ氏の事情聴取に協力したひとりだ。二〇一七年六月、一年以上の分析検討を経て、ケイ氏はふたたび来日し報告をおこなった。

報告書は、特定秘密保護法の問題点を指摘したほか、ヘイトスピーチに対処する反差別法の制定や、歴史教育からの政府の干渉の排除を提案するなど、日本の法律や制度に踏み込んだ内容になっていた。メディアに対しても、記者クラブを開放し、ジャーナリストの業界横断的な連帯を図った上で政府の圧力と対峙する必要性を訴えた。

ケイ氏は、メディアの独立性の確保のために、放送メディアの規制には現行の総務省ではなく独立した機関があたるべきだと指摘した。また、政府がある放送局を規制した場合、同じ系列を組む新聞社にも結果的に圧力がかかる恐れがあると警告した。

では、どう改善すればよいのか。ケイ氏は、放送法第四条の「政治的公平」の文言が、政府が放送局に圧力を加える道具として悪用されているとして、これを削除することを求めた。

こうしたケイ氏の報告に日本政府の反応は冷ややかだった。自ら国連の人権理事会を支える主要国でありながら、ケイ氏の報告は「事実の誤認や不確かな情報に基づいて勧告している」などと反発し、「個人の見解」として扱おうとした。

にもかかわらず、今回の規制改革推進会議の方針で、いきなり放送法第四条の撤廃案が出てきた。一八〇度違うではないか。手のひら返しとは、こういうときに使われる言葉かもしれない。

第四条には、政治的公平だけでなく「報道は事実をまげないでする」ことも併せて明記されている。

この原則を取り払っていいのか。野田聖子総務相は、ことが内閣府主導で進み、総務省が蚊帳の外に置かれたなかで、「四条は非常に重要で、むしろ多くの国民がいまこそ求めているのではないか。撤廃した場合には、公序良俗を害するような番組や事実に基づかない報道が増加する等の可能性が考えられる」と慎重な立場を示した。民間放送連盟（民放連）の井上弘会長（ＴＢＳテレビ名誉会長）も「フェイクニュースへの対応が世界的に共通の社会問題になってきた昨今、バランスの取れた情報を無料で送り続ける放送の役割は、これまで以上に重要になっている。放送局は、民主的な社会に必要な情報を全国にあまねく伝えている自負があり、健全な世論形成に貢献してきたと思う。単なる産業論で放送業を切り分けてほしくない」（三月二九日付毎日新聞）と語り、反対する姿勢を示した。

これに対して改革推進派は「四条があるから放送の信頼性が保たれていると言うが、新聞は法による規制がなくても信頼度は高い。信頼性は四条の有無で決まるものではなく、しっかりと取材をして書いているかどうかに尽きる」と反論している。

海外ではどうなのか。米国では、レーガン政権時代の一九八七年、放送の「公平原則」（フェアネス・ドクトリン）が廃止された。合衆国憲法修正第一条に明記された「言論・表現の自由」に抵触するという批判は昔からあったし、名だたるテレビキャスターたちは、そうした原則がなくても、ジャーナリストとしての自由で高い見識があれば、ひどいことにはならないとして撤廃を強く求めた。レッセフェール。なすがままに任せれば、市民はよきものを選択し、粗悪なものは駆逐されるはずだと信じ、公平原則は姿を消した。

しかし、実際起きたことはそうではなかった。過激な論調を売りものにする放送局が増え、それぞれの放送局の政治的色分けがはっきりしてしまった。なかでも、バランスをあまりに欠いたのは、アフガン空爆やイラク戦争におけるＦＯＸテレビのニュース番組だ。タカ派の人気キャスター、ビル・オライリー氏は、9・11の同時多発テロの遺族がスタジオで戦争反対を訴えるさまに腹を立て、「黙れ！　反米主義者は出て行け」と叫び、スタジオから追い出してしまった。

こうした過激な物言いを、政治家として引き継いだのがトランプ大統領である。トランプ氏が、彼に批判的な放送局を「フェイクだ」と攻撃する一方、好意的なテレビは優遇される。メディアによる社会の分断が強まっているのだ。これは社会にとってもマイナスだ。現在、米国では公共放送だけに公平原則を課しているが、もう一度全米の放送局で「公平原則」を復活させるべきだという声もあがっている。

ペンシルベニア大学のビクター・ピッカード准教授は、米国の状況について「政治的なバランスや公益を守ることを約束させるセーフガードがなくなって、メディアはより市場原理に影響されやすくなり、結果として極端な議論、センセーショナリズムに支配されてしまった」と指摘。「米国の経験を教訓として、日本は警戒感を持つべきだ」と忠告している（ロイター・東京、二〇一八年三月二六日）。

4　政治家などによるフェイク発言とメディア

では、いまの日本のメディアの動きをどう見ればよいのか。

規制改革推進会議の委員のひとりでもある長谷川幸洋氏は、現地での取材を十分おこなわないまま沖縄の反基地運動を侮蔑・中傷したMXテレビの番組『ニュース女子』のキャスターだった。この番組は、BPO（放送倫理・番組向上機構）から放送倫理違反や人権侵害を指摘された。

BPOは、放送による事実誤認や人権侵害がなされたとき、監督官庁の総務省が介入するのではなく放送事業者自らが自律的に過ちを認め、再発防止を図るために、二〇〇三年にNHKと民放各社が立ち上げた第三者機関である。安倍政権はこのBPOが疎ましいのか、政府や政党の意見を反映できるよう組織を抜本的に変えたい意向だが、放送法第四条がなくなってしまえば、BPOの仕組みも事実上解体され、意味をなさなくなるだろう。放送倫理から無縁の放送、そんなものが社会にとって健全に機能するとはとうてい思えない。

こんな発言が続いている。発信源はいずれも政治家だ。

安倍政権下でエンゲル係数が上昇したのは、生活水準の低下ではなく、食生活が変化したからだと安倍総理が国会で答弁した。それまでの経済学の常識を覆す説である。そのとたん、Wikipedia の「エンゲル係数」の項目が「以前ほど重要視されてはいない」等と書き換えられ、訂正する側との応酬が繰り広げられ、ページを一時凍結し編集ができなくなる事態となった。

森友学園の土地取引をめぐる文書改ざんが発覚したことを受けて、TPP11への出席を見送った麻生太郎財務相は、「TPP締結がペルーでなされたことについて新聞が一行も記事にしない、報道しない、日本の新聞なんてこのレベルだ」と批判した。しかし事実はまったく違っていた。どの新聞も大きく掲載して伝えていたし、会議はペルーではなくチリのサンチャゴでおこなわれ、締結はまだ先のことだった。麻生氏の間違いを記者が質したところ「言い返すんだな」と逆にすごまれたりもした。

こうした政治家によるフェイク発言は何をもたらすのか。東京新聞などは社説やコラムで麻生氏の発言を厳しく批判したが、一度拡散したフェイクをきれいに取り除くことは困難であり、「一行も書かなかった」という強烈なインパクトは残り、事実が相対化される。そのあとは「マスコミが報じない真実」という名の「オルタナティブ・ファクト」（代替的な真実）として生き残る。「マスコミは、都合の悪いことは伝えたがらない」という陰謀論はそれなりの説得力をもち、世の中に出回り、消えることなくついには固定化する。

フェイク発言においては、真実かどうかは重要ではない。そして、フェイクを垂れ流しニュース化する側、それをよしとする受け手と、そうしたニュースをチェックしようとする一部メディア、真実はどこにあるのかに関心をもつ受け手との間に決定的な分断が生じる。

情報によってひとびとが分断される……それは福島においてとくに顕著だ。原発事故から七年が経過したが、住民の帰還のありようや安全性をめぐって、何が誤ったニュースで、何が差別的なニュースなのかを明言することは簡単ではない。

「放射線は浴びなくて済むなら、浴びないほうがよいのです」。この一言を抜き出してみても、それがどのような文脈で、誰に向けられているかによって意味は変わる。ちなみに、わたしの母はヒロシマの被爆者だったが、二世のわたしは母と同じ受けとめ方はしない。放射線の被害を冷静にとらえられるときもあれば、過剰に悲観的になることだってある。受けとめ方が揺れ動く元凶として考えられるのは、情報を出す側の秘密主義であったり、科学の衣を着ながら数値の意味を意図的に歪めたりしてきた現実である。さらには、受け手の側も情報を歪めて受け取ることがある。情報のとらえ方をめぐって、被害者どうしが、しなくてもよいはずのいがみあいを起こしたりする。

このように、「フェイク」と「ヘイト」が肥大化し蔓延するメカニズムを単純に語ることはできないが、原発事故のニュースを例にみれば、情報の隠蔽や改ざん、政治家の見識のなさ、メディアの不勉強や取材の甘さ、ひとびととの無理解と差別・偏見……これらが絡みあい燃料となることで、「フェイク」と「ヘイト」が燃え盛る。さらに、日本社会特有の自粛や忖度《そんたく》、メディアへの過信と不信という相矛盾する感情が、事態をさらに悪化させているように思う。

5　メディアへの不信がフェイクを助長する

「朝日新聞フォーラム」は、二〇一八年三月二二日～四月二日、「フェイクニュースが拡散する理由」についてアンケートを実施した。回答数一九六九。以下、多い順に並べる。

（1）メディアよりネットが信頼できるから　三〇％
（2）影響力を広げたい人（団体）がいるから　二五％
（3）興味を引く内容だから　八％
（4）ビジネスになるから　六％
（5）ネットの投稿・共有が簡単だから　五％
（6）情報の真偽の確認が難しいから　四％
（7）SNSの仕組みが拡散を後押しするから　四％
（8）その他　一八％

（％小数点以下は四捨五入。http://www.asahi.com/opinion/forum/067/）

興味深い結果だと思う。回答者が理由としてもっとも多くあげたのは、既存の大手メディアよりネットのほうが信頼できるということだ。つまり、メディア不信がフェイクニュースのゆりかごなのだった。フェイクニュースが何のために生産されるかということにもひとびとは気づいている。それは、影響を広げたい人（団体）がいるからだ。そもそもネット情報は、その特性から投稿や共有がしやすく、一気に拡散されていく。ほとんどのひとにとって、それが事実かどうか確認することは簡単ではない。しかも、それは興味を引く情報であることが条件なのだ。好奇心をそそり、ひとと共有したくなる情報。そこに根拠のない嘘が紛れ込む。

とりわけ、社会的なマイノリティや、人権や平和を説いたり、社会批評をしたりする人間が攻撃の対象になることが多くある。これはいじめと似ている。フェイクとヘイトとメディア不信は近しい関係にある。そうした中で差別や中傷が広がり、看過できないほどの人権侵害に発展することもある。

同アンケートの自由記述を拾ってみると、ひとびとがなぜフェイクニュースにはまるのかも浮かび上がる。「新聞テレビなどのオールドメディアは結論ありき」「ネットのフェイクニュースより、新聞の誘導ねつ造記事の方が問題」「既存のメディアの信頼性が揺らいでいる」……。

このアンケートをSNS上でシェアしているひとの中には、こんな強烈な書き込みもあった。

「ネットの情報が玉石混淆なのは当たり前。朝日新聞のようにジャーナリズムを騙り、一方的な嘘を垂れ流すことこそがフェイクニュースである。このような調査を装った印象操作こそがフェイクニュースである。恥を知れ。朝日新聞、死ね！」

特定の政治家や発信力のある文化人がオピニオンリーダーとなって、嫌いなメディアを罵倒し拒絶する。それに一部の市民が同調し、ネット社会の中で増幅する。信じたいものしか信じなくなってしまった市民の習性を、一部の政治家たちは巧妙に利用してきた。さらに恐ろしいのは、フェイクの発信者が大手メディア自身であり、しかもそれが政権の意向を汲んでおこなわれていると疑われる事例が近年増えていることだ。

二〇一七年五月二二日、読売新聞は、前川喜平・前文部科学事務次官が東京・新宿の出会い系バーに頻繁に出入りしているという記事を掲載した。その後、前川氏が加計学園獣医学部の新設をめぐって官邸の圧力があったことや、それを物語る文書が存在することを証言したことから、読売新聞は官邸の意向を踏まえて記事にしたのではないかという疑惑が浮上した。二〇一八年四月二日の朝日新聞「WEBRONZA」で、同社社会部の川本裕司記者は興味深いエピソードを紹介している。

政治を専門とする著名なフリージャーナリストは、産経新聞の編集局幹部から「官邸から『前川喜平前次官が出会い系バーに出入りしている』という情報が寄せられ取材したが、記事になるような事実を確認できず掲載を見送ったら、読売新聞に記事が出た」と聞いた、という。

(http://webronza.asahi.com/national/articles/2018033000004.html)

ここで明らかになったのは、前川氏の出会い系バー通いの情報は官邸から産経にももたらされたが、取材したものの記事にならずボツにし、読売は記事まで持っていったということだ。これでは、政権とのただならぬ関係を疑われても仕方がないのではないか。

6　メディアの闇に切り込むために

日本のいまのメディア状況には、いくつもの深い闇が入り組んで立ち込め、見通すことを固く拒んでいる。

問い自体が立てにくく、答えにたどり着くことは容易ではない。だからこそ本書では、そうした難問に答えるべく、以下のような選りすぐりの執筆陣が結集した。

第Ⅰ部は、現在のメディアがどのように歪んでいるか、その実態を第一線のジャーナリストたちが明らかにするものだ。

ＭＢＳ毎日放送の斉加尚代ディレクターは、沖縄の基地反対運動にかかわるひとびとの素顔を見つめ、『ニュース女子』の「過激なテロリスト」という決めつけがいかにひどい誹謗中傷であったかをあぶりだし、「フェイク」が生まれる構造に迫った。

斉加の稿を引き継ぐ形で、長年関西メディアの裏側を見てきたノンフィクションライターの西岡研介は、『ニュース女子』の制作会社に連なる人間模様をあぶりだした。そこには拭いがたい差別意識や陰謀史観があった。

元『噂の眞相』副編集長の川端幹人は、長年のウォッチを踏まえ、保守論壇誌がなぜ「反日」「スパイ」といった言葉を用いて過激な排外主義と差別の刃を社会に向けるのか、その内実を明らかにし、ビジネスを目的としたヘイトが拡大していく構図を描いた。いまや保守論壇誌は、政権の思惑と一体となり、社会全体のグロテスクな未来を暗示する存在となった。

元毎日新聞記者の臺《だい》宏士は、産経新聞による東京新聞・望月衣《い》塑子《そこ》記者や沖縄二紙へのバッシングが安倍官邸と歩調を合わせていること、そこには公器としての新聞の使命から逸脱した経営上の意図があることを浮かび上がらせた。

産経新聞のもうひとつの攻撃対象は朝日新聞だ。同紙の北野隆一編集委員は、「慰安婦」問題の記事で日本人の名誉が毀損されたなどとして右派団体が朝日を訴えた裁判に密着した。原告たちの主張には、産経新聞の「歴史戦」キャンペーン記事と共通する論理が多くみられた。裁判はすべて原告の敗訴に終わったが、それでも右派・保守系論壇は慰安婦問題を「朝日の捏造」と書き続ける。

ＮＨＫで二五年記者を務めた立岩陽一郎がアメリカで見たものは、フェイクニュースを悪用することで移民や少数者の権利を侵害するトランプ政権の政治だった。立岩は、日本の外交報道の歪みの正体にも迫る。そこには、事実を追求するにはあまりに足腰の弱い、いまの日本の大手メディアの現実があった。

続く第Ⅱ部は、公正な言論空間を形成するために何が求められているかを、各論者の視点から論じている。

新興ネットニュースBuzzFeed Japanの古田大輔編集長は、広告収入を目的としたビジネスによってフェイクとヘイトのスパイラルが加速し、社会がますます分断される構造を精緻に論じ、どんな解決の道があるかを考えた。とくに新しいのは、とかく「ネットが悪い」という風潮に抗い、「フェイク」や「ヘイト」と闘うにあたってのネットの可能性を示したことだ。

香山リカは、メディア上に「日本スゴイ！」の声が溢れかえる理由に、精神科医ならではのまなざしで深く鋭く切り込んだ。一九九〇年代半ば以降、ひとびとの間に、葛藤から目を背け、あったことをなかったことにする心のメカニズムが作動するようになり、「躁的防衛」と「投影性同一視」がそこに働いていると説く。

大手書店の店長として、「ヘイト本」を置くのかどうかの問題に直面する福嶋聡《あきら》は、現場ならではの苦悩と希望を丁寧に綴った。メディアの送り手としての書店は、「知りたい」というひとの希望に応えなければならない。その一方で、福嶋たちは「『ＮＯヘイト！』フェア」の企画を果敢に実現させたりもするのだ。

レイシズムと日々闘うＮＰＯ代表の梁英聖《りゃんよんそん》は、それがどれほど人間を破壊するのかに警鐘を鳴らす。そして、トランプ大統領による差別発言をメディアがどう扱ってきたのか、反差別の法規範が確立した欧米と、それがほとんど存在しない日本とを比較し、日本のメディアが歩むべき道を示した。

大阪大学大学院准教授の辻大介は、「ネット右翼」が実際どれほどいるのかを調査から明らかにした。実は、ヘイトスピーチをまき散らす差別主義者はネットユーザーの〇・五％前後。しかし、一人ひとりの声の大きさが過大視につながっている。言論空間は自由であるだけでは足りず、権力から自立した「公正圏」をどう育てるかが、世論の分断と暴走に歯止めをかける鍵だと辻は考える。

さらに、東京新聞社会部・望月衣塑子記者には、特別のインタビューをお願いした。望月自身も、加計・森友問題の取材や、レイプ事件被害者の伊藤詩織さんへの支援にかかわるなかでバッシングの対象とされた。ジャーナリズムのありようについて、市民の知る権利に応えるために、第一線の記者ならではの熱い血の通った言葉を紡いでいただいた。

どの論考も、現場や緻密な分析に立脚し、不毛な空中戦を避けている。困難山積のメディアではあるが、それでも絶望するにはまだ早い。この書は、民主主義の危機に立つ日本社会にあって、その歪みの正体を暴くことから希望を見つめようとする試みだ。ぜひ読者にも一緒に考えていただくことを願う。

I
歪むメディア

第1章　歪曲される沖縄の基地反対運動
――大阪からみた沖縄とメディア――

MBS報道局番組ディレクター
斉加尚代

1　『ニュース女子』と『さまよう木霊《こだま》』

沖縄の基地反対運動を取り上げた、二つの番組

二〇一七年一月、インターネットでその動画を見終わったときの衝撃は、いまも忘れられない。事実を軽んじる濁流が足元に押し寄せてきていた。

その動画とは、東京メトロポリタンテレビジョン（MX）が放送した情報バラエティ番組『ニュース女子』沖縄基地問題特集（同年一月二日放送）。「緊急調査!!マスコミが報道しない真実」というサブタイトルで、出演者たちの笑い声がこぼれるたびに、心が凍りついていくようだった。画面に映っていたのは、米軍基地反対運動に関するデマをかき集め、ある種の意図と憎悪を込めて制作したとしか思えない内容だった。

そのときの私は、MBS報道ドキュメンタリー『映像'17　沖縄さまよう木霊～基地反対運動の素顔』（同年一月二九日放送）の取材をほぼ終え、目の前に迫った編集作業の準備中だった。偶然にも『ニュース女子』

とほぼ同じ時期、同じ沖縄の現場を取材していたのだ。『ニュース女子』は「基地反対派は過激で危険」「テロリストみたい」と一方的な見方を流していたが、私が現地取材で得ていた事実はまったく違っていた。なのになぜ、このような番組がテレビの地上波で放送されたのだろう。

インターネット空間の中で、沖縄に関する言説が歪められている。そんな危機感から『さまよう木霊』の番組制作にとりかかっていたのだが、とうとうネット空間と放送の垣根が取り払われ、公共性の高い放送の中へ、デマが躍り出てしまったのだ。戦後の放送史に刻まれる汚点だと感じた。

なぜ事実が歪んでいくのか、歪んでゆくよう仕向けられるのか。そう考えるようになったきっかけは、基地反対派住民に対して放たれた、大阪府警機動隊員の差別的発言へとさかのぼる。

「土人」発言をきっかけに火がついた沖縄バッシング

沖縄県最北部の国頭村《くにがみ》と東村に広がる米軍施設、北部訓練場。二〇一六年一〇月一八日、ヘリコプター着陸帯（ヘリパッド）の建設工事が進むゲート前で、フェンスの向こうに立っている機動隊員が、抗議する住民側に向かって大阪弁でこう言い放った。「どこつかんどんじゃ、このボケ、土人が……」。その一言一句を、小説家の目取真《めどるま》俊さんが撮影していた。彼は長年、米軍基地反対運動にかかわり、毎日そのようすを写真や動画をつけて自身のブログに上げていた。差別的発言をとらえたその映像は、沖縄の地元放送局から全国へ報じられることになる。

その翌々日、MBSは情報番組『ちちんぷいぷい』で「土人発言」を取り上げ、戦前の沖縄の過酷な歴史にもふれて詳報した。ゲストの森直也弁護士が、人権感覚に乏しい大阪府警の体質を鋭く批判したほか、ツイッター上で「出張ご苦労様」と隊員をねぎらった松井一郎府知事についても、落語家の桂南光さんが「大阪の人間はみんなこんな人間ではない。沖縄の皆さんに申し訳ない」と発言し、番組は土人発言とその後の擁護発言は「おかしい」との論調でまとまっていた。

ところが、松井知事が会見でＭＢＳを突き上げる。「機動隊員の顔をさらして攻撃するのがＭＢＳ」「そもそも混乱を引き起こしているのはどちらなのか」と。いわゆる「どっちもどっち」論だ。これによって、国家権力が大量の機動隊を投入して強行する工事と、それに反対する地元住民という双方の関係を見えにくくし、基地反対派のほうに非があるという空気が作りだされていった。さらに、当時沖縄北方相だった鶴保庸介議員（和歌山選挙区）も「差別と断定することはできない」と発言、これを容認する閣議決定までなされた。視聴者から届く声は、しだいに「基地反対派のほうがもっとひどいことを言っている」「過激な暴力集団」といった、反対派に集中砲火を浴びせる内容に染まり、こうした非難が七割以上を占めるようになった。公人たちの言動が、本土の人々の感情を煽り、心に火をつけ、基地反対運動へのバッシングが燃え盛っていくようにみえた。

一一月三日、秋晴れの大阪市内で、約一〇〇人の列が、機動隊員に誘導されて「機動隊を守れ！」と叫んでいた。福岡県行橋《ゆくはし》市議の小坪慎也氏がインターネットで呼びかけた「機動隊を偏向報道から護るデモ」。そのデモに、自民党衆院議員の長尾敬《たかし》氏（大阪選出）らが祝電を送った。だが、私の胸により深く刺さったのはデモそのものではなく、沿道のおばちゃんの言葉だった。「（機動隊員に）暴言を吐いている人たちのほうがひどい。私だって、客からクレームつけられたら言い返すわ」。おばちゃんは『私らネットからも情報を得てる」と語った。

たしかに、視聴者から届いた意見を詳細にみていくと、これまでにはなかった声が複数見つかった。基地反対運動について「ネットで見ればわかる。ネットで調べろ」と書いてあったのだ。プロの取材者である私たちに、「現場へ行って調べろ」ではなく「ネットを見ろ」と。これには驚いた。そこに列挙された動画では、基地に反対する人々が「過激」で「暴力的」に見えるような場面が編集されていた。インターネット空間の言論がどんどん膨張し続け、基地反対運動に関する事実に即した情報が圧倒的に足りていないのではないか。こうした胸に刺さるできごとが重なり、別のテーマで取りかかっていた番組取材を中断、急きょ沖縄へ入ることにした。私たちは『ニュース女子』制作チームより半月ほど早く現地での取材を始めた。基地反対運動にかかわる人々の素顔は本当のところどうなのか、その姿に迫る取材をしたいと考えた。

バッシングされた反対派住民の素顔

新たに建設された米軍の六つのヘリパッドに囲まれる東村・高江地区。爆音を轟かせ、頭上を低空飛行する米軍機の騒音が増すその高江で、「過激な暴力集団」と批判された人々の取材は一一月一五日にスタートした。

東村の隣、大宜味《おおぎみ》村で農業を営む儀保《ぎぼ》昇さん(62歳)は、工事が始まった二〇〇七年からゲート前の県道に座り込み、抗議を続けている。当番の日は朝五時前に起床、おにぎりを自ら握って朝六時にゲート前に行く。反対派夫婦で六人の里子を育て、居間に飾られていた写真には、実子と里子が肩を並べ笑顔を向けている。反対派住民を制圧する機動隊とやりあえば逮捕されはしないかと妻はいつも心配していたが、それに対して儀保さんが語った言葉が番組前半の芯になった。「政治的でないことが世の中にあるなら教えてほしい。全部政治的です。つまり、モノを言わないことが政治的なんですよ、十分に」。何もしない、何も言わないことが中立だと信じる人は少なくない。何か行動を起こせば、周囲から「政治的だ」と揶揄《やゆ》されることも多い。だが、「何も言わない」ことこそ政権や政策を支持する立場の表明だという儀保さんの言葉は、メディアで働く私たちへの問いかけのようで、とても重く感じられた。

取材したもうひとりは、作業療法士の泰《やす》真実《まこと》さん（51歳）だ。ネット上では、七〇年代に農民と機動隊が激突した「成田闘争の過激派」とされていた。しかし、泰さんは千葉県に行ったことすらない。なにせ、成田闘争全盛のころはまだ中学生だったのだ。泰さんは、オスプレイがはじめて配備された普天間飛行場前で、高齢者がじっと座り込む姿を見て「放っておけなくなった」と、活動を始めた動機を話した。勤務先の医療施設では、高齢者が語りだす凄惨な沖縄戦の体験に耳を傾ける。その施設の上空を、米軍の戦闘機が爆音をまき散らし飛行する。

「高齢者の頭上に戦闘機を飛ばさないでくれ、それだけです」と泰さんは語り、こう続けた。「弱い小魚だから、みんなで群れをなしてさ、向き合っていくしかない。たしかに挑発に見えるとしたらそれは申し訳ないけど、必死なんです。わかってほしい」……日本全体の〇・六%の面積なのに、米軍基地の七〇%以上を押しつけられたままの沖縄。自分たちは小魚みたいだ。巨大な権力、大きな魚にいつ食われ、大切な家族の暮らしや命が踏みにじられるかわからない。沖縄の地で、新たな基地建設に抵抗する人たちの思いはそこにある。戦後二七年間に及ぶ米軍統治から日本復帰へ、その歴史の中に脈々と続く基地反対運動の原点だと強く感じた。

『ニュース女子』のテレビ的手法

「物知りな男はカッコいい！　ここは、ニュースを良く知る男性とニュースをもっとよく知りたい女性が集う、大人の社交場」。東京ＭＸがウェブサイトに載せていた『ニュース女子』の番組紹介文だ。放送倫理・番組向上機構（ＢＰＯ）放送倫理検証委員会が、一〇カ月かけてまとめた『ニュース女子』沖縄特集に関する意見書（二〇一七年一二月一四日公表）は、この書き出しから始まっていた。私はＢＰＯ会見をはじめて取材した。

番組のテイストは情報バラエティ、制作は大阪のプロダクション。笑いを引き出すテクニックには長けている。実際、時事問題に長けたコメンテーターの男性陣が、世間知らずに見える若い女性たちに「教えてあげる」演出がされ、「女子」たちは「へーっ。そうなんですかぁ！」と声高に相槌を連発する。特集は、軍事ジャーナリスト（番組では「軍事漫談家」とも紹介）井上和彦氏が、「マスコミが報道しない真実」と題し、高江などで抗議活動中の基地反対派は「過激で危険」とリポートするＶＴＲを流し、スタジオトークを繰り広げた。

たとえば井上氏が「（沖縄で）大多数の人は、そんな米軍基地に反対という声なんて聞かないんです」「そうなんですか！」といった具合だ。県外からの「活動家」が反対している、そう印象づける構成だ。さらに、基地反対運動にかかわる人々を一貫して嘲《あざけ》り嗤《わら》う。「救急車も止めるテロリスト集団」と揶揄したり、井上氏がヘリパッド工事現場から約四〇キロも離れたトンネル手前で車を停め、「反対派の暴力行為により、これ以上は高江ヘリパッドに近寄れない」と反対派の暴力性を虚報し、「逮捕されても生活に影響のない高齢者の武闘派集団・シルバー部隊」と、反対運動を続ける高齢者たちを嗤う。その高齢者の中には、地獄のような沖縄戦を生き抜いて、日々の暮らしを削りながら座り込む人たちも少なくないのに、茶化すことによってそうした高齢者の存在をわざと見えなくしようとする悪意を感じた。巧みに編集されたVTRで、出演者たちが反対派を笑い飛ばすようすに心が凍りついたのは冒頭に述べた通りだ。

沖縄の現場を何度も取材してきた私は、こうした番組の内容にBPOがどのような判断を下すのか不安だった。「東京MXは、放送してはいけない番組を放送した」。BPO放送倫理検証委が会見でこう断じたとき、ようやく不安は解消した。その意見書は、MX側の放送前「考査」が不適切で「重大な放送倫理違反があった」と厳しく批判していた。

「重大な放送倫理違反」としたBPO意見書

BPOは、民放連とその加盟各局、およびNHKが設置した、放送の自主自律のための第三者機関だ。放送局への権限はもつが、加盟社でなければその権限は及ばない。意外に思われるだろうが、『ニュース女子』の番組制作に東京MX社員はひとりもかかわっていなかった。BPOの意見書などによると、スポンサー（化粧品大手のDHC）が制作費を拠出して、その傘下にある制作会社（「DHCテレビジョン」、当時は「DHCシアター」）が完成させた番組を放送局に納品する、いわゆる〝持ち込み番組〟で、MXはその番組を考査する立場にあった。

BPOが指摘した東京MXの考査における倫理違反は六点あった。詳細は省くが、「抗議活動を行う側に対する取材の欠如を問題としなかった」「侮辱的表現のチェックを怠った」などを「重大な放送倫理違反」とし、沖縄での現地調査をおこなったBPO委員のひとりは「放送の自律の放棄ではないかとの声がある」

と厳しく指摘した。

打ち消しても消えないデマとその発信者たち

『ニュース女子』の内容を知って以降、救急車をめぐるデマについて検証する必要性を感じた私は、担当する放送日が迫るなか追加取材を試みた。調べたところ、デマの発信者は沖縄在住の災害看護師であり、後日「デマだった」と謝罪していた。勤務先に数回電話を入れ、直接会って事情を聞きたいと要請したが叶わず、交渉の末、電話で取材に応じてくれることになった。彼がフェイスブックにそのデマを書き込んだのは、反対派が救急車を止めたと耳にし、怒りを感じたからだと語った。以下は電話インタビューのやりとりだ。

看護師の男性「聞いたときには、事実であれば許しがたいと。医療従事者だから、そんなことがあれば誰だってそう思う」

（質問）事実確認をしたのか？

「してないです。なので、これは僕のたわ言になってます」

（質問）誰から聞いたのか？

「それは相手方のこともあるので、申し上げるわけにはいきません」

「軽はずみな発言は、こういう世界ではしてはいけないと、つくづく反省しています」

ところが、デマは発信者が打ち消しても拡散し続けた。一度は否定された救急車デマを、基地反対派の暴力の根拠として「テロリストみたい」と『ニュース女子』の番組内で語ったのは、地元で立派なペンションを経営する男性だった。その人物はいまも「反対派が救急車の通行を妨害した」「自分は嘘を言っていない」と主張する。くりかえすが、これは明らかなデマである。だが、本土の側に、そんな発信者をもてはやす人々が大勢いる。さらに驚いたことには、車体がへこんだ救急車の写真に音声をかぶせた動画がアップロードされた。「沖縄、高江へリパッドの過激派が救急車を襲撃し、批判殺到ということで、誰を乗せているんだと取り囲んだとされておりまして」とその音声は続く。よく見れば、救急車には広島県の「尾道消防」と書かれていて、動画の後半になって「写真はあくまでイメージ」と説明される。この動画の作成者に接触はできなかったが、こうした視覚効果でデマをさらに広めていく人物も存在した。

デマを流しているのはなにも特別な人たちではない。消防本部の責任あるトップが何度否定しても、その事実をなお受け入れようとしないのはなぜだろう。彼らは、見たいものだけを見ているようで、そのほうが楽だからか。あるいは、強い者の側に立って誰かを叩けば、少なからず満足感を味わうことができるからだろうか。事実に基づかない情報に引き寄せられる、感情だけでものごとを判断する、そんな風潮が強まっていく社会は、いずれにせよ危険だと言わざるをえない。

2 排外的な空気の広がりとテレビ

大阪から放たれる「沖縄」言説

「土人」発言に限らず、ここ数年、大阪にゆかりある人物から発せられる、沖縄ヘイトを含んだ発言が多くなった。たとえば人気作家の百田尚樹氏が、二〇一五年に自民党若手議員の勉強会で「沖縄の二つの新聞は潰さなあかん」と、沖縄二紙に廃刊を迫るような発言をしたり、「(宜野湾市の)米軍普天間飛行場はもとは田んぼ、何もなかった」という明らかなデマを流した。戦前その場所には村役場や人々が暮らす集落があり、首里城へと続く美しい松並木もあったのに。

『ニュース女子』沖縄特集でリポーターを務めた井上氏は、その現地取材の一カ月半ほど前、大阪を中心に活躍するフリーキャスター辛坊治郎氏とともに沖縄を訪れていた。このとき二人に出会った地元記者によると、「井上氏は辛坊氏の直近の後輩のように見えた」という。その辛坊氏は、高江の基地反対運動について、関西ローカルの情報番組(二〇一六年一〇月二〇日放送)で「え〜私、月曜日に見てきました。上からヘリコプターからね。はっきり言って、ここ(高江)で反対している人たちって沖縄県の地元の人はほんと少ないです。もうほとんど大阪から行っている人とか」「はっきり言って地元の人たちも、ヘリパッド早く造ってほしい人が圧倒的に多いんです」と発言した。けれども、地元の人たちのナマの声が紹介されることはなかった。さらに辛坊氏は『ニュースの嘘を見抜け』(KADOKAWA)という題名の本で『ニュース女子』の内容を擁護している。その中から「ニュース女子騒動顛末記」と題された項を一部引用すると、「そもそもテレビ番組に『いい』『悪い』なんかありません。『好き』か『嫌い』かしかないんです」と述べ、『ニュース女子』を批判する朝日新聞の社説を酷評する形をとりながら、「五万円の日当のほうが事実に近い」と、基地反対派がさも雇われているかのように書いていた。BPO意見書は、東京MXが、基地反対運動の参加者が「日当」を受け取っているかのような伝え方をした点について問題視したし、「裏付けを確認しなかった」と、日当の支払いを事実とみなすには根拠が不十分と認定している。

念のため付け加えると、沖縄地元紙が高江の住民におこなった二〇一六年のアンケート調査では、八〇％がヘリパッド建設に反対、その他（どちらでもない、わからない）が二〇％、賛成はゼロだった。

辛淑玉《しんすご》さんへの人権侵害――その罪は重すぎる

『ニュース女子』が報じたデマによって生活そのものがずたずたになり、心に深く傷を負った女性がいる。ヘイトスピーチ（差別煽動表現）に反対の声を上げる団体「のりこえねっと」共同代表の辛淑玉さんだ。BPOのもうひとつの委員会組織、放送人権委員会が二〇一八年三月八日、番組内容には彼女の名誉を毀損する人権侵害があったと認定した。

『ニュース女子』沖縄特集は、あたかも彼女が基地反対派に五万円の日当を提供し、犯罪行為をくりかえす「テロリスト」まがいの参加者を動員する黒幕のように取り上げていた。それにとどまらず、スタジオで在日韓国人への人種差別を煽る発言があったとBPOは認定した。『ニュース女子』制作者たちは、辛さんへの直接取材は一切おこなっていない。

このBPO決定が公表された日、会見に臨んだ辛さんは、ひとつひとつの言葉を振り絞るように、涙ぐみながら語った。

「この決定を聞いたときに、民族差別にもふれていたので涙が出ました。どんなに政権におもねった番組を作っても、どんなに視聴率の稼げるような番組を作っても、これは放送人としてやってはいけないんだ、ということを明確に指し示してくれたと思う」。自身が抱えるつらさにふれたとき、その言葉はあまりに重かった。「確かなことは、私の変えることのできない出自を使って、沖縄を叩いたということ。それは自分がストレートに叩かれるよりか何倍もこたえました。そういう複雑骨折が起きるんです」。どのように心が折れたのか、自分でも整理できないほどの複雑骨折。辛さんはその後、琉球新報にこのような寄稿をしている。「この番組の放送以来、私の生活は、日本社会の悪意を投げ込むゴミ箱のような状態にされた」。脅迫状、嫌がらせメール、さらには取引先への嫌がらせが押し寄せたのだが、東京MX側は当初、代理人弁護士との交渉に対し「それは番組の責任ではない」と突っぱねたという。そして、いまも正式な謝罪はしていない。

この辛さんの会見に、『沖縄さまよう木霊』に出演した作業療法士の泰真実さんも参加していた。泰さんはこう述べた。「辛さんのBPOの結論が出るということで、最悪のこともあるんじゃないかと思って、沖縄のために声をあげた方がひどい目にあったとき、誰もここに沖縄の人間がいないのは許せなくて、時間を作って来ました」「私たちも侮辱を受けたが、辛さんは日本全体の中で個人攻撃を受けました」

もはや日本で暮らせなくなり、ドイツに移住したという辛淑玉さん。彼女を日本から排除する流れをつくり出したのは誰なのか。その罪はあまりに深すぎる。

辛淑玉さんとの出会いとバッシング体験

個人的なことで心苦しいが、辛淑玉さんと私がはじめて出会ったときのことを思い出したので、少しふれたい。それは、私自身が視聴者から激しいバッシングにさらされた二〇一二年のことだった。「あの記者は日本人なのか」「反日分子」「記者は朝鮮へ帰れ」と批判を浴びた。

当時、大阪で人気絶頂だった橋下徹市長。教員に国歌の起立斉唱を義務づける大阪府国旗国歌条例を成立させたのも知事時代の橋下氏だったが、府立高校の卒業式で、のちに大阪府の教育長となったある校長が、教員らに「君が代」を歌っているかどうか「口元チェック」をおこなった。その行為を「素晴らしいマネージメント」と表明した橋下市長に対し、囲み会見で私が三〇分近くにわたり、府立学校長から募ったアンケートをもとにやりとりした。結果、逆質問にあい面罵されるのだが、その後、橋下氏が自らツイッターで計八〇回にわたり「勉強不足の女性記者」「あの記者は酷かった」などと連投、MBSと記者である私を攻撃した。その結果、バッシングへと向かう一定の「世論」が形成されていったのだった。その勢いは、検索エンジンで「さ」と打っただけで「斉加尚代」がヒットするほどだった。社の視聴者窓口には一二〇〇件を軽く超える抗議の電話やメールが殺到した。私自身も「反日記者」と大声で叫んで鬱憤を晴らす男性の電話を直接受けたりし、抗議が収束するまで三カ月かかった。

そんな体験をした後、大阪市内のミニ集会で出会ったのが辛さんだった。名刺を差し出すと、すぐ「あ、あの女性記者ね」と気づいたようで、その両腕で黙ってハグしてくれたのだった。著名な辛さんへのバッシングは、私が体験したものとはとうてい比べものにならないほど重大で深刻だったに違いない。悪夢のような事態を食い止めるのに、力を十分尽くせなかったことをいま悔やんでいる。

ちなみに「斉加尚代」とインターネットで検索すれば、「崔尚代」とヒットする。斉加は偽名で、崔が本名だと。デマは六年経ってなお、ネット上で生き続けている。

スポンサーを向いた東京MXの公式見解とその後の英断

辛さんへの人権侵害について書くにあたって、会見映像を見直していたら心揺さぶられてしまった。関東大震災での朝鮮人虐殺事件にふれるまでもなく、民族差別を煽るデマは、何の罪もない人々の暮らしや命をときに破壊する。だからこそ、メディアは断じて差別を煽ってはいけない。

沖縄の人々へ向けられたデマに話を戻そう。『ニュース女子』は事実に基づかないデマを放送した、当初からそう受けとめた放送人は少なくなかった。だが、番組の放送翌月、東京MXは「放送法及び放送基準に沿った制作内容であった」と公式見解を発表した。この見解について、BPOは「判断は誤っている。東京MXが本件放送の放送倫理上の問題を真摯に検証したとは言いがたい」と突き放した。なぜMXはこんな不誠実な見解を発表したのだろう。それは番組枠を買い取るスポンサーのDHCへの配慮だったと思われる。

MXの有価証券報告書によると、二〇一六年度の約一八二億円の販売実績中、DHCは最大の一一・五％、約二〇億円を占め、二位の取引先の倍以上にのぼる。さらにMXにとってDHCは、単なる大スポンサーという関係ではなく、MX自体がDHCの広告代理店業務を一部担っている。つまり、『ニュース女子』が各放送局に配信されれば、それだけMXの収入になり、DHCが各局にCMを流せば、その手数料がMXの収益になっていた。いわばMXは、DHCに経営上依存しているとも言える状態だったのだ。業界の中からは、スポンサーによる「電波の乗っ取り」ではないかという声さえ聞かれた。

そんな東京MXが二〇一八年三月一日、『ニュース女子』の放送打ち切りを発表、ようやく英断に至ったのだ。MXはDHCとの代理店業務契約も解除、広告収入の面で大きなダメージを負うことを覚悟の上だった。遅すぎたと批判する人もいるだろうが、私は放送の良心は残っていたと言いたい。そして、謝罪や信頼回復への取り組みなど、やらなければいけないことが残っていると思う。

一方「DHCテレビジョン」は、悪意とも受け取れる番組制作の姿勢をその後も改めていない。放送法やBPO審議の対象にならないネット空間にコンテンツを配信し、「反日勢力」への攻撃を強めている。独自のネット番組ではBPO意見書を厳しく批判、自らを正当化していた。出演するコメンテーターのひとりはMXを駄菓子屋にたとえ、「お宅での菓子の取り扱いは終わったかもしれないが、製造元はその菓子を作り続ける、MXは切られた側だ」と胸を張る。この言葉にこそ、MXと大スポンサーであるDHC側との関係性が露わになっていると思う。彼らは「放送局なんかくそくらえ」「代わりはいくらでもいる」と言っているように私には思えるが、そんなふうに放送を貶めることに熱心な彼らをテレビ番組に出演させている放送局が、いまなおあることには驚くしかない。

3　政治権力とメディア――人々の側に寄り添って

『沖縄さまよう木霊』の取材を振り返って

『沖縄さまよう木霊』は『ニュース女子』を検証した番組と評されることが多いが、決してそれが目的ではなかった。今回の番組制作で私は、沖縄の基地反対運動の本質と、そこにかかわる人々の素顔を伝え、デマが飛び交う歪んだ言論空間に気づいてほしいとの思いが強かった。それはなにも沖縄だけに限らず、身近な私たちの生活とも地続きの問題だからだ。

反対運動を続けている儀保昇さんは、米軍機オスプレイ墜落への抗議集会で、約四〇〇〇人を前にスピーチした。「あの土地はもともとウチナーンチュ（沖縄県民）のものです。あの土地を提供した覚えはまったくありません。政府の破壊行為に心から怒りを覚えます。私たちは基地がある限り、非暴力、不服従、そして直接行動によって、闘い続けましょう」、そう訴えると大きな拍手に包まれた。沖縄の基地反対運動の素顔は、弱き者の励ましあいなのだと思う。

作業療法士の泰真実さんは、『ニュース女子』の番組内容に反論する三八ページに及ぶ資料を自分で作成し、各地の集会に出かけては、デマに騙されないでと丁寧に説明を続けてきた。その資料の最後のページには、チェコ生まれのフランスの作家ミラン・クンデラの言葉が書かれている。「権力に対する人間の闘いとは、忘却に対する記憶の闘いに他ならない」。その言葉の下には一枚の写真がある。一枚は沖縄戦の激戦地、糸満市の「平和の礎《いしじ》」に刻まれた犠牲者の名前の前でそっと手を合わせる女性。もう一枚は、二〇一六年四月、米軍属により殺害された若い女性の遺棄現場だ。沖縄はいまも戦世《いくさゆ》ではないか、民意を否定され、命や暮らし、心すら踏みつけにされる、そんな現実を、泰さんは静かに示していた。

メディアと教育が標的に——既視感のある時代へ

最後のまとめにあたって、報道現場に長く携わる者の実感として、メディアと教育が標的にされる時代を迎えたことについて語っておきたい。私自身は「君が代」斉唱にかかわる質問を橋下市長（当時）にぶつけ「反日記者」と非難されたが、メディアと教育がなぜ攻撃対象にされるかといえば、そのどちらもが、民主主義社会における橋渡しの役割を担ってきたからだ。国家権力と人々との「間」に位置すると言えばわかりやすいかもしれない。権力に介入されず、人々の側に寄り添い、社会を形成する層にこそ支えられて成り立つ職業と言えるだろう。

ところが昨今、メディアと教育を意のままにしたい政治家が増え、抑制的であるべき権力をむき出しにして圧力をかけてくる。メディアや教育現場を攻撃しろと市民を煽動する政治家もいる。不幸なことだ。なぜなら、放送法も教育基本法も、どちらも平和を掲げる日本国憲法ときわめて深い関係にあり、戦前の反省をもとに、政治から構造的に距離を置くことをひとつの目的としてきた。その政治的介入を防ぐ仕組みが徐々に崩れかけている。世間で「反日」バッシングが繰り広げられる背後には、こうした政治の影がちらついていると感じられてならない。

放送法四条撤廃への動きが意味するもの

翻って、BPO放送倫理検証委員会は、番組「考査」について、放送における最後の「砦」と意見書で述べていた。「放送の自主自律を守る」「放送の矜持《きょうじ》を守る」きわめて重要な砦であり、確かな砦を築かねばならないと促していた。「政治的に公平であること」「報道は事実をまげないですること」など、放送人にはその使命が課せられているのだ。

ところが、その「砦」の根拠ともいえる番組編集ルールを定めた放送法四条をめぐって、いま政府内で撤廃の検討がなされている。放送制度改革の流れの中で浮上したものだが、インターネットテレビ局などが放送に参入する際の壁を低くするねらいがあると見られている。くりかえしになるが、放送法四条は倫理規範であって、そこに政治的公平、事実の報道、多角的論点の提示があり、ジャーナリズムの基本原則というべきものである。

放送法四条の撤廃案が浮上しているというニュースを耳にしたとき、私は直感的に、インターネットと放送の垣根を取り払おうとする動きだと確信した。つまり、今回の『ニュース女子』のような番組を、地上波でごく普通に放送しようともくろむ勢力が存在するということだ。そのためには放送の第三者機関BPOも邪魔な存在になる。事実を軽んじ、極論を流すことを許す言論空間をつくり出せたなら、〝忖度《そんたく》〟チャンネルや〝よいしょ〟チャンネル、政権与党が支配するチャンネルも、大手を振って誕生するだろう。事実関係に配慮しない放送局だって許されてしまう。そうなれば、社会の土台となる事実が何かわからなくなる。放送業界のトップは相次いで放送法四条の撤廃案に反対を表明した。権力に不都合な真実は、不断の努力によってしか明らかにされない。

　戦後まもなく民間放送が立ち上がるとき、ＮＨＫとは異なる「国民に寄り添った新しい放送局」を作るという理念のもとに設立への動きが急速に高まったという。ＭＢＳの前身「新日本放送」は「新しい放送」という意味だったと、当時を知る大先輩から教えられた。それは、戦争中のＮＨＫが戦意高揚を煽る報道をしたと責任を問う人々が、それとはまったく別の立場の放送を築きたいと願ったからだという。そんな大先輩たちが民間放送に期待した夢や希望を、いまの私たちも受け継いでいると信じたい。

『沖縄さまよう木霊』を放送後、沖縄で米軍基地に反対する住民の方の「自分たちに投げられた嘘やデマを暴いてくれた、この番組は僕らの希望です」という言葉が大変うれしかった。世界ではフェイクニュースが駆けめぐる時代に突入した。沖縄をめぐる問題は、この国の民主主義に直結する普遍的な問題である。だからこそ、放送人の力によって、あらゆる無関心から、理解や共感を呼び覚ます方向へ進路を少しずつ変え、苦悩する沖縄の人たちの希望につながる報道が増えてほしいと願っている。人々に分断や差別をもたらすのではない、一歩一歩着実に、沖縄の基地に関するデマや他の差別的デマをひとつ残らずなくす道を、ともに歩みたいと切に思う。真っ暗な時代が私たちのもとに到来しないうちに。

第2章　関西テレビ界に蔓延《はびこ》る「チーム殉愛」の闇

ノンフィクションライター
西岡研介

1　『ニュース女子』を生み出した人脈の起源

〈TOKYO MXへのスポンサー社長が「報道ステーションを潰しにいきます」と対抗宣言〉

こんな見出しの記事が、ネットにアップされたのは二〇一六年三月のことだった。

〈昨年一〇月から、TOKYO MXにて始まったニューストーク番組「ニュース女子」が、水曜深夜の放送から、月曜夜二二時のプライムタイムへの移行が決定。三一日、スポンサー企業である「株式会社DHCシアター」の浜田麻記子社長が、都内で会見を開き、裏番組にあたる「報道ステーションを潰しにいきます」と過激な言い方で宣言をした。同社の山田晃取締役も、その宣言に参加。「半年前から深夜二時四〇分という〝ド深夜〟にやっていましたが、意外と高評価を頂いているので、夜一〇時に移行することにしました」と経緯を語った〉（二〇一六年三月三一日付「ライブドアニュース」）

記事には計一四枚の写真が添付されているのだが、その中の一枚に、浜田社長（当時）の隣で、出演者を紹介する小太りでメガネ姿の男が写っている。「株式会社DHCシアター」（現在は「DHCテレビジョン」。以下「DHCテレビ」）取締役（現在は代表取締役）の山田晃。私はこの男に見覚えがあった。

三年前、ある〝騒動〟の取材で、出版社を通じ、山田が所属していた会社に文書で質問を送ったが、会社からも山田本人からも回答はなかった。当時の彼は、頭髪の薄さを隠すためか、絶えず頭にバンダナを巻いており、自らもそれをトレードマークにしていたが、前述の写真ではそれを外していた。さらに、この『ニュース女子』なる番組の制作会社が、山田と関係が深く、前述の〝騒動〟にも関与していた「株式会社ボーイズ」（大阪市北区、相原康司社長）と判明するに至って、彼らが東京に進出していたことを知った。

それから一年も経たないうちに『ニュース女子』は「沖縄・高江のヘリパッド問題はどうなった？　過激な反対派の実情を井上和彦が現地取材！」などと題し、米軍ヘリパッド建設反対運動について報じた（二〇一七年一月二日）。しかし、放送直後から「事実関係が間違っている」「沖縄に対する偏見を煽る」などの指摘が、放送倫理・番組向上機構（BPO）に相次いで寄せられ、それらを受けてBPOの放送倫理検証委員会が二月から審議入りした。委員会は一二月一四日、「重大な放送倫理違反があった」と厳しく批判する意見書を公表。これを受け、MXは二〇一八年三月末で『ニュース女子』の放映を打ち切った。

この番組が報じた「過激な反対派の実情」なるものが、いかに予断と偏見、虚偽に満ちたものであったかについては前章で、MBSの斉加尚代ディレクターが詳細に検証しているのでそちらに譲る。本章では、この番組を作った制作会社「ボーイズ」がかつて関与した〝騒動〟、そしてその後、彼らが東京に進出し、デマ番組を作るに至るまでの経緯を追うことにしたい。

相原や山田が関与した騒動とは、作家の百田尚樹が書いた『殉愛』（幻冬舎）をめぐるそれだ。

二〇一四年一一月七日に刊行された同書は、かつて「関西の視聴率王」と呼ばれた歌手でタレントのやしきたかじん（本名・家鋪隆仁、二〇一四年一月三日に食道ガンで死去）の約二年間の闘病生活と、たかじんの三番目で最後の妻となった家鋪《やしき》さくらの〝献身的な介護〟を描いた「純愛ノンフィクション」で、三〇万部を超すベストセラーとなった。が、その内容は、さくらの言い分を鵜呑みにし、たかじんの親族やマネージャーらを取材しないまま一方的に誹謗中傷するだけでなく、たかじん本人をも貶めるものだった。

同書をめぐっては発売直後から、その内容について、生前のたかじんと近い関係にあった複数の人たちやファンらからの疑問がネット上で噴出。さらに発売から二週間後の一一月二一日、たかじんの唯一の実子である長女が「百田氏から一度も取材を受けていないにもかかわらず、誹謗中傷された」などとして版元の幻冬舎を名誉毀損で提訴するに至って（のちに幻冬舎の敗訴が確定）、週刊誌など大手メディアも巻き込んだ〝殉愛騒動〟が起こったのだ。

それを受け、ノンフィクションライターで、たかじんの評伝『ゆめいらんかね　やしきたかじん伝』（小学館）の著者でもある角岡伸彦と私がチームを組んで、百田が「読者にはにわかに信じられないかもしれないが、この物語はすべて真実である」と謳ったこの「純愛ノンフィクション」に書かれた事実関係を、ひとつひとつ検証したのが『百田尚樹『殉愛』の真実』（宝島社）だった。

その検証結果については同書に譲るとして、この取材の過程で、私は前述のボーイズ社長の相原やDHCテレビの山田が、さくらや騒動に深く関係していたことを知るのだが、その彼らは、いつ東京に進出し、基地反対運動に対する偏見を煽るデマ番組を作るに至ったのか。やしきたかじんの死の前後から今日に至るまでの彼らの足取りを追い、さらには、いまも彼らが拠点としている在阪民放が抱える「固有の事情」を分析すれば、彼らの〝行動原理〟や〝思考回路〟が見えてくる――。

相原やボーイズをよく知る在阪の民放関係者によると、相原は大阪芸術大学卒業後、朝日放送と松竹芸能が共同出資した番組制作会社「ビデオワーク」（現在は解散）に入社。百田が構成を務めていた『探偵！ナイトスクープ』（朝日放送、一九八八年三月～ 以下『ナイトスクープ』）のディレクターなどを経て、『たかじんｎｏばぁ～』（読売テレビ、一九九二年一〇月～九六年七月 以下『ばぁ～』）のプロデューサーになった。

『ばぁ～』は、たかじんがマスター役を務め、本物の酒を飲みながらゲストと会話を展開するというスタイルのトーク番組で、放送時間帯が土曜の深夜〇時～一時であるにもかかわらず、最高視聴率二五・一％を記録するなど、たかじんが「関西の視聴率王」となるきっかけにもなった。

「『ばぁ～』で演出を担当していた相原さんは放送期間中、たかじんさんを献身的に支えた。当時のたかじんさんは東京進出に頓挫したこともあり、精神的に不安定な状態で、番組中に泥酔したり、泣き出したり、時にはスタッフを殴ることもありました。しかし、どんなときも相原さんはたかじんさんに絶対服従で、理不尽な仕打ちにも耐えた。そうした相原さんの姿勢が、たかじんさんの信頼を勝ち得ていったのです」（前出の在阪民放関係者）

そして『ばぁ～』放送終了から二年後の九八年五月、相原はビデオワークのスタッフを引き連れ独立。たかじんの出資で番組制作会社「ボーイズ」を設立したという。

「ボーイズを立ち上げてからというもの、相原さんは『政治のバラエティ（番組）を作りたい』としきりに話していました。そして二〇〇〇年以降は、読売テレビと具体的な準備を進め、二〇〇二年には単発（番組）ながら、たかじんさんを司会者とした『政治バラエティ』の放映にこぎつけた。それが『たかじんのそこまで言って委員会』でした」（同前）

『たかじんのそこまで言って委員会』（たかじんの死後は『そこまで言って委員会NP』に改題。以下『委員会』）は、政治家や文化人、評論家ら八人のパネリストがひな壇に座り、たかじんを司会に政治や経済、社会問題などについて「放送の限界に挑む」討論を展開する「バラエティ番組」だ（たかじんの死後は元読売テレビアナウンサーの辛坊治郎が司会を務めている）。

二〇〇三年七月からレギュラー化され、番組開始から一〇年以上、つねに一〇～一五％前後の視聴率をキープ。日曜昼間（午後一時半～三時）の時間帯では異例の高視聴率番組となり、たかじんの「視聴率王」の地位を不動のものとした。

「パネリストが上下に座る〝ひな壇スタイル〟は、『ばぁ～』時代からたかじんさんと一緒に仕事をしていた構成作家のアイデアでした。『委員会』には、この作家やボーイズのスタッフなど、当時『ばぁ～』を作っていた連中が丸ごとかかわっています。

相原さんは常々、『単なる（テレビ）局の下請けでなく、ゆくゆくは〈制作著作〉（権）が持てるような番組を自分たち（番組制作会社）で作りたい』と話していましたが、それをある程度実現できたのが、『委員会』だといってもいいでしょう。〈制作著作〉こそ読売テレビにあるものの、番組のエンドロールにはいまも〈制作協力〉として『BOY'S』のクレジットが入り、相原さんもプロデューサーのひとりとして名を連ねていますから。

しかし、『委員会』がここまで高視聴率番組になったのは当然のことながら、司会がたかじんさんだったから。『ばぁ～』時代に相原さんが、たかじんさんに献身的に尽くしてきたことは業界の誰もが認めるところですが、ボーイズ設立以降はほぼ、やしきたかじんという〝コンテンツ〟だけでメシを食ってきたと言ってもいい」（同前）

一方、現在DHCテレビの代表取締役に就く山田晃は、同志社大学卒業後、前述の『ナイトスクープ』の制作を手掛ける「株式会社クリエイティブ・ジョーズ」（大阪市北区。以下「ジョーズ」）に入社。同番組のAD（アシスタントディレクター）として働いていた。だが、前出の在阪民放関係者によると、「ディレクターとしてはまったくの役立たずだった」という。

「リサーチ能力が低く、『ナイトスクープ』でも〝小ネタ〟のD（ディレクター）は務まったとしても〝企画もの〟では使いものにならず、AD止まり。そのうち後輩にも追い抜かれ、居場所がなくなった山田はジョーズを辞め、一時は自動車整備工をしていたそうです。その後、元ジョーズの砂野（信）さんに拾われ、彼の紹介でボーイズに入ったと聞いています」（同前）

砂野は、たかじんの付き人からジョーズ入りし、『ナイトスクープ』のディレクターを務めたのち独立。現在は『委員会』の演出を担当している。そして前述の『殉愛』にも、さくらと百田をつないだ人物のひとりとして登場する。

「学生時代から親しい間柄の砂野さんの紹介とはいえ、山田が番組のDとしては使いものにならないことを知っていた相原さんは、（ボーイズの）子会社の『TVTVTV』でサイトの運営をさせていました。当時は、サイトにアップする写真を撮るため、カメラを持って現場をうろちょろする山田の姿をよく見かけました」（同

前）

「株式会社ＴＶＴＶＴＶ」は二〇〇六年四月に設立された動画の配信会社で、たかじん関連のウェブサイトなどを運営していた。代表取締役にはたかじんのほか相原や、前出の砂野が就き、取締役には山田らボーイズのスタッフが名を連ねていたが、二〇一六年一二月に清算、閉鎖された。

『殉愛』によると、たかじんとさくらが〈Facebookで知り合った〉のは二〇一一年一〇月のこと。その約三カ月後の一二年一月には、たかじんが食道ガンに罹患していたことが判明する。翌一三年三月にはいったんテレビに復帰するものの、一カ月後の四月に再発。その後は表舞台に戻ることなく、一四年一月に死去した。だが、それまで「やしきたかじんという〝コンテンツ〟だけでメシを食ってきた」相原は、たかじんの死後、遺産だけでなく、コンテンツの相続人にもなった未亡人のさくらに急接近するのである。

たかじんは亡くなる直前、彼と親しく、彼の個人事務所の顧問弁護士を務めていた吉村洋文（現・大阪市長）を「遺言執行者」に指名した。だが、たかじんの死後、吉村とさくらは、たかじんの自宅金庫に残された約二億八〇〇〇万円の扱いなどをめぐって激しく対立。最終的にはさくらが、吉村の「遺言執行者解任」を大阪家庭裁判所に申し立て、吉村が自ら辞任する事態にまで発展するのだが、その審判に吉村が提出した陳述書には、さくらの〝代理人〟然としてふるまう相原の姿が記されている。

〈二〇一四年一月）二九日、再度、さくら氏は私（吉村）を呼び出したので、自宅を訪問しました。すると、なぜか、ボーイズの相原社長が同じ時間に訪問してきました。（中略）相原社長は、私の横に座り、私に、先生、遺言執行者を降りて下さい、と言いました。さくら氏も同じ意見でした〉（カッコ内は筆者補足）

相原がさくらの〝代理人〟とすれば、山田は〝お世話役〟といったところだろうか。それを窺わせるエピソードを紹介しよう。たかじんの死からちょうど四カ月後の一四年五月三日に、彼の母、光子が亡くなったのだが、そのときの葬儀のようすを、たかじんの親族はこう語っていた。

「さくらさんも母の通夜、葬儀には来てくれたんですが、その際、彼女には絶えず小太りの男性がまるで〝付き人〟か〝用心棒〟のように付き添っていました。後になって、兄（たかじん）と親しかった人から、相原さんの会社にいる『山田さん』という人だと聞きました。喪服を着ているにもかかわらず、頭にはバンダナを巻いたまま――という非常識な格好で参列していたので、よく覚えています」

たかじんの死から二カ月後の一四年三月、さくらは「株式会社Ｏｆｆｉｃｅ ＴＡＫＡＪＩＮ」を設立し、代表取締役に就任している。それを受け同年五月、前述のＴＶＴＶＴＶが動画配信をおこなってきた「日刊！ たかじんのそこまでやって委員会」が「やしきたかじんオフィシャルウェブサイト」と統合し、「たかじんメモリアル」に改称。その運営責任者に山田が就いた。さらに一四年六月には、さくらがＴＶＴＶＴＶの親会社であるボーイズの取締役に就任するなど（一五年三月に辞任）、相原・山田とさくらは〝二人三脚〟状態で行動をともにするのだ。前出の在阪の民放関係者がふたたび語る。

「ボーイズ設立以降、相原さんには『やしきたかじんという〝コンテンツ〟は自分が作ってきた』という思いがあった。だからこそ、たかじんさんの死後、それまでたかじんさん個人に帰属していた写真や映像など、ほとんどすべてのコンテンツに関する権利を相続したさくらさんに付いたのは、相原さんからすれば当然の選択だったんでしょう」

2 「過激さ」を売りにした『そこまで言って委員会』の手法

『そこまで言って委員会NP』の公式サイトなどによると、たかじんは病気療養のため一二年二月五日放送分をもって休演。一三年三月二四日放送分からいったん復帰したが、同年四月二八日放送分以降、再療養に入り、その後ふたたび番組に戻ってくることはなかった。

ところが同番組の視聴率は、たかじんの休養直後こそ〇・三〜一・九％ほど下落したが、平均視聴率で一四・七％という高水準を維持。また、たかじんの死後、番組名から「たかじん」の冠を外し『そこまで言って委員会NP』に改題（一五年四月）した後もふたたび一・九％ほど落ちたものの、一六年に入って一三・八％と盛り返した。

「たかじんさんが休養、さらには亡くなった際、これで（『委員会』の）数字（視聴率）がガタ落ちすると誰もが思ってました。しかし、思っていた以上に下がらなかったことで、制作側は誰もが、やしきたかじんという〝コンテンツ〟がなくてもやっていけるとの自信を持った。つまりは『委員会』がこの十年余で培った『放送の限界に挑む』、『過激な本音トーク』という番組内容自体が、視聴者に支持されるコンテンツであることが証明されたわけです」

こう話すのは、かつて報道部門で記者として働き、現在は制作部門に在籍する在阪民放の中堅幹部だが、「しかし……」と続ける。

「問題は、その『過激な本音トーク』の矛先が、韓国や中国などの他国や、マイノリティに向けられていること。パネリストの中には、自らが抱えるレイシズムを隠そうともしない人もいるし、過去にはヘイトスピーチと見紛うような発言もあった。だが、残念ながら、そうした『過激な』発言ほど、この番組の視聴者には〝受ける〟。そうすると、作り手側はますますその方向に走ろうとする。彼らにとっては数字こそが〝正義〟ですから」

ちなみに前述の『委員会NP』の公式サイトなどによると、一二年九月三〇日に放映された「従軍慰安婦は捏造だ！」などをテーマにした第四四四回は、二〇・五％と歴代三位の高視聴率を記録したという。この中堅幹部によると、『委員会』のような番組が在阪民放で生まれ、支持される背景には「関西固有の三つの事情がある」というのだ。

「ひとつ目は、良くも悪くも『関西（民放）の自由さ』でしょう。もともと業界では『芸能ニュースは関西』と言われていた。というのも、九〇年代後半から、大阪の朝の情報番組などに出始めた東京の芸能リポーターらが、『東京では言えないようなことでも大阪では言える』とかなり際どい発言をし始め、それが大阪の視聴者にも受けた。東京の情報番組やワイドショーと違って、大阪のそれには、うるさ型の大手芸能プロダクションの目が届きませんから。

その〝政治版〟が『委員会』です。政権や政党からのクレームを気にして〝自主規制〟してしまうキー局と違って『大阪の民放では自由にモノが言える』と、政治評論家や政治家自身も『過激な本音トーク』を始め、『委員会』はまさに、それを〝売り〟にしてきた」

二つ目は、在阪民放や番組制作会社などが各々、あるいは互いに抱き続けてきた「コンプレックスの発露」だという。幹部が続ける。

「これは新聞も同様ですが、関西の民放の報道局には『政治部』がない。このため政治ニュースのほとんどが東京発で、私も含め関西メディアに身を置く連中は、そのことに潜在的なコンプレックスを抱いている。その裏返しが『橋下徹』や『大阪都構想』を必要以上に取り上げたことでした。まるで『大阪からでも、全国から注目されるような政治ニュースが発信できる』と言わんばかりに過剰に報じた。

他方、『ニュースバラエティ』を作る制作（局）の人たちは、常日頃から、報道（局）の連中から『下に見られている』という思いを抱いている。にもかかわらず『委員会』には、報道の記者が普段、接することができない国会議員だけでなく、安倍晋三首相まで出演する。制作からすれば『どや、お前ら（報道）が会えんような政治家の先生方が、うち（制作）の番組には出てくれるんや』という優越感があるんでしょう。もっとも、政治家たちの世論操作に体よく利用されているだけなんですが。

そして、これは関西に限ったことではないんですが、番組制作会社の人たちは絶えず局の人間、つまりは社員D（ディレクター）やP（プロデューサー）に不満を持っている。番組を一緒に作っていても『同じくらいの、いや、それ以上の仕事をしているのに、何でこれほど給料に格差があるんだ』と。ところが、安倍首相も含め『委員会』のキャスティングは、ほとんど番組制作会社の人脈。彼らからすれば『読売テレビの社員PやDで、これだけのキャスティングができるんならやってみろ』という強烈な自負がある。このため、『委員会』では一時、局と制作会社の力関係が逆転していたと言われています」

そしてこの中堅幹部は、三つ目の理由に「関西の風土」を挙げるのだ。

「私も関西出身なんで、自分の出身地の悪口はあまり言いたくないんですが、関西の人って『はっきりモノを言う』人が好きなんですよね。肝心の発言内容なんてどうでもよくて、ただ『はっきりモノを言う』という行為そのものを評価する。『ぶっちゃけ』とか『本音トーク』とかが大好きなんですよ。ただ、先ほども言いましたが、その『本音トーク』の矛先が政治的な、あるいは社会的な『強者』に向けられるのなら『反骨精神』と言えるでしょう。しかし、『委員会』では、その矛先は逆に向いている。にもかかわらず高視聴率が維持されているというのは、残念ながら視聴者がそれを望んでいるということ。

私が見る限り、これまで芸能バラエティを作ってきた制作会社の人たちに、確固たる政治思想も信念もあるとは思えない。彼らの頭にあるのは『視聴者に受けるか否か』だけ。そういう意味では受け手（視聴者）の（メディア）リテラシーこそが問われているんじゃないでしょうか」

そんな彼らが制作しているのが前述の『ニュース女子』なのだから、その内容は推して知るべしだろう。

だが、それまで在阪民放を拠点としていた彼らは、いつごろから「東京進出」を計画していたのだろうか。

前出の在阪民放関係者は「たかじんさんのガンが再発したころから、相原さんらボーイズのスタッフが頻繁に東京に出張するようになった」と記憶している。そこで『ニュース女子』の関係者を取材したところ、興味深い話を聞いた。実はボーイズは、もともと同番組を最初から地上波で流すことを想定し、パイロット版を制作。ローカル局に持ち込んでいたというのだ。

一三年一二月二八日と一四年六月二二日の二度にわたって「東海テレビ」（中部）で放映された『ニュース男子決定戦！～男は知識で勝負する』が、それである。同番組には『ニュース女子』の司会を三年にわたって務めてきた長谷川幸洋（元東京・中日新聞論説副主幹）や前述の百田、『委員会』常連の武田邦彦（中部大学特任教授）らが出演。過去の画像を見ると、出演者が男女に分かれ、それぞれが横並びに座る、いまの『ニュース女子』と似た作りになっている。前出の在阪民放関係者がふたたび語る。

「『ニュース男子』が最初に放映された一三年一二月二八日といえば、たかじんさんが危急時遺言（書）を作成する二日前のこと。つまり、たかじんさんの再入院で、もはや復帰が絶望的とみた相原さんは、『やしきたかじん』というコンテンツに見切りをつけ、委員会で培った『過激な本音トーク』というコンテンツに乗り換え、それを東京に持ち込むことによって生き残りを図ろうとした。しかし、あの種の番組は大阪で受けても東京では敬遠される。おそらくキー局に持ち込んだが相手にされず、東海テレビに売り込んだものの、二回の単発に終わり、レギュラー（番組）にはなれなかったのでしょう」

それを拾ったのがDHCテレビだったわけだ。今度はDHCテレビの関係者が語る。

「山田さんがDHCテレビ（当時は前身の「シアター・テレビジョン」）に来たのは、東海テレビで二度目の『ニュース男子』が放映された直後の一四年七月ごろのことでした。その二カ月前には、DHCの吉田（嘉明・代表取締役）会長が株を買収して筆頭株主となり、取締役会長に就任。それまでの番組を大きく改変しようとしていた時期でした。山田さんをDHCテレビに連れてきたのは、武田（邦彦）教授。『本格的なテレビ番組を作るのなら、（番組）制作会社の人にかかわってもらったほうがいい』と。当時、山田さんは『TVTV株式会社取締役』の名刺を持っていました。

DHCテレビに来た当初、山田さんはまだ頭にバンダナを被っていましたが、吉田会長から『バンダナを取れ！』『髪を生やせ！』と言われて、いまの姿になったのです。ただ、山田さんは〝上の人〟に取り入るのがうまく、吉田会長に気に入られ、半年後（一五年一月）には取締役になりました」

そして一五年四月から、同社が「看板番組」とする『虎ノ門ニュース　八時入り！』（のちに『真相深入り！虎ノ門ニュース』に改題）と、『ニュース女子』の前身『女は悩まない　女の世直しニュース女子』の放送・配信が始まるのだが、両番組ともプロデューサーは山田が務めている。

そして、これらの番組を東京進出の足掛かりにできるとみたのだろう。法人登記簿によると、ボーイズは一五年三月二三日付で、ＤＨＣテレビがスタジオを構える港区虎ノ門の共同通信会館にほど近いタワーマンションに支店を置いている。

「『虎ノ門ニュース』と『ニュース女子』が始まった直後、ボーイズの相原社長が（ＤＨＣテレビの）浜田社長に挨拶に来られていました。『虎ノ門ニュース』にはいまも、月曜日に青山（繁晴・参議院議員）さん、火曜日に百田さんがレギュラーで出演しているのですが、二人を連れてきたのも山田さん。吉田会長は『虎ノ門ニュース』について、自分と思想が近い二人がレギュラーで出演し、かつボーイズが制作に加わったことで〝テレビ局っぽい作り〟になったことに、すっかりご満悦でした。

しかし、その一方で、ほとんどの番組を細かくチェックしていて、過去には吉田会長から『あいつは今後、出すな』とダメ出しされ、結果的に降板となった出演者もいました。もっとも、『虎ノ門ニュース』と『ニュース女子』の二番組だけで年間億単位の番組制作費がかかり、それらはすべて吉田会長のポケットマネーで賄われているのですから、番組に会長の意向が反映されるのは当たり前の話なんですが……」

3　資金を提供するＤＨＣ会長の極右思想

佐賀県唐津市出身の吉田会長は、一九四一年一月生まれの七七歳。同志社大学を卒業後の七二年、洋書の翻訳委託業「大学翻訳センター」（ＤＨＣ）を創業した。八〇年から基礎化粧品の製造販売を始め、一代で

「業界売り上げNo.1」の会社に育て上げた人物として知られている。だが、その一方で、特異な思想の持ち主でもある。

吉田会長はかつて、DHCの公式サイトに驚くような内容の文章を載せていた。「会長メッセージ」と題された文章（計五ページのPDF）の日付は「平成二八年二月一二日」。末尾には「株式会社ディーエイチシー代表取締役・CEO　吉田嘉明」の署名が入っている。私が確認した一八年三月末の時点では、DHCの公式販売サイトにある「会社概要」のページ内でリンクされていたのだが、すでに削除されたのか、現在では閲覧できなくなっている。

その「会長メッセージ」は、前年の一五年末に出版された、なべおさみの著書『昭和の怪物　裏も表も芸能界』（講談社）の感想から入り、「サラリーマン社長」や「二代目三代目の社長」について独自の「本物、偽物」論を展開した後、こう続くのだ。


〈創業社長は痩せても枯れても本物ですが、時々とんでもない悪《わる》がいたりしますので、この点は注意が必要です。純粋な日本人でない人も結構います。

本物、偽物、似非《えせ》ものを語るとき在日の問題は避けて通れません。この場合の在日は広義の意味の在日です。いわゆる三、四代前までに先祖が日本にやってきた帰化人のことです。

そういう意味では、いま日本に驚くほどの数の在日が住んでいます。（中略）いわゆる、似非日本人、なんちゃって日本人です。政界（特に民主党）、マスコミ（特に朝日新聞、NHK、TBS）、法曹界（裁判官、弁護士、特に東大出身）、官僚（ほとんど東大出身）、芸能界、スポーツ界には特に多いようです。（中略）問題は政界、官僚、マスコミ、法曹界です。国民の生活に深刻な影響を与えます。私どもの会社も大企業の一員として多岐にわたる活動から法廷闘争になるときが多々ありますが、裁判官が在日、被告側も在日の時は、提訴したこちら側が一〇〇％の敗訴になります。裁判を始める前から結果がわかっているのです。似非日本人はいりません。母国に帰っていただきましょう。〉

引用するだけで眩暈《めまい》がするような、「在特会」ばりのネトウヨ脳と陰謀史観だが、「大企業の一員」であるDHCの会長が、他国にルーツを持つ人々に対するレイシズムをむき出しにした発言を、公式サイトに掲載していたのだから驚く。さらには「母国に帰っていただきましょう」などと煽動するに至っては、ヘイトスピーチと断じざるをえない。

こんな人物と「思想が近い二人がレギュラーで出演し」、制作費が彼の「ポケットマネーで賄われ」「意向が反映される」番組が、日々どのような「ニュース」をネットで配信しているかは想像に難くない。が、前出のDHCテレビ関係者によると、一五年四月からの『虎ノ門ニュース』と『ニュース女子』の放送・配信を機に、〝ボーイズ色〟が一気に強まったという。DHCテレビ関係者がふたたび語る。

「二つの番組が新たに始まる一方で、シアター・テレビ時代から浜田さんが作ってきた番組は吉田会長、山田さんの意向でほとんど打ち切りとなりました。『やらまいか』もそのひとつでした。

浜田さんは『ニュース女子』を当初から『下品だ』と嫌悪していて、ご自身は一度も見られたことがなかったと思います。しかし社長という立場上、宣伝をしなければならず、あの『沖縄の回』が問題になったときも矢面に立たざるをえず、内心では不本意だったのではないでしょうか」

この関係者によると、『やらまいか〜真相はこうだ！』は元文藝春秋編集長の堤堯《ぎょう》ら保守の論客による討論番組で、浜田がシアター・テレビの社長に就任して以降、放映・配信を続けていた番組だったという。関係者が続ける。

「『やらまいか』が打ち切りになることを惜しんだ浜田さんは、別会社で、かつての出演メンバーによる討論番組を収録。別の番組名でYouTubeに配信した。これを見た山田さんが吉田会長にご注進に及び、DHCテレビは一〇月一八日で浜田さんを社長から解任。代わりに、山田さん本人が社長に就いたのです」

つまり、山田は浜田の「失点」につけ込み、彼女をDHCテレビから体よく追い出したわけである。私は、浜田が新たに代表取締役社長に就いた「株式会社林原チャンネル」を通じ、DHCテレビ社長解任に至る経緯について彼女に取材を申し込んだが、受けてはもらえなかった。

また、〝殉愛騒動〟から「沖縄ヘイト」を煽るようなデマ番組を作るに至るまでの一連の事実関係について確認すべく、ボーイズ社長の相原と、現在DHCテレビの社長に就く山田に電話で取材を申し込んだところ、相原はこうコメントした。

「殉愛（騒動）についてはいろいろ思うところもありますが、いまはお話しできません。『ニュース女子』の件については、番組のプロデューサーにウチ（ボーイズ）の人間が携わっているのは事実ですが、この件に関してはDHCテレビが対応されるということなので、コメントする立場にありません」

一方の山田は、取材したい旨を伝えるなり、こう答えた。

「取材はお断りですね。西岡さん、ツイッターで僕のことボロクソ書いたりしてましたよね？　まったく根拠のないこと、ボロクソ書きましたよね。大阪から流れて東京行ってDHCがどうこうとか。そんなボロクソ書くような人のインタビューなんか答えられないです」

こう言って彼は電話を切り、その後、何度か電話をかけたが出てくれなかった。このため、私が過去にツイッターで彼について「ボロクソ書いた」中のどの部分が「まったく根拠のないこと」だったのかはわからなかったが、取材を受けたくないという意思だけは伝わってきた。

MXが『ニュース女子』の放映を一八年三月末で打ち切ったことは前述したが、同番組はいまでもBS放送や、一部の独立局や系列局で放映され続けている。

本章を書くにあたって改めて、〝殉愛騒動〟から『ニュース女子』に至る、相原と山田の足取りを追ってきた上で、これだけは断言できる。彼らは、いかに事実を歪曲した番組を作ろうが、それによって傷つく人がいようが、さらにはそれで世間の批判を浴びようが、まったく反省などしていない。彼らにとっては「数字（視聴率）こそが〝正義〟」で、デマはもちろんのこと、レイシズムやヘイト、さらにはフェイクニュースまで、要はそれが「数字が取れるコンテンツ」であれば何でもいいのだ。が、実は本当の問題はそれではない。「過激な本音トーク」で語られる、それらのコンテンツが視聴者に〝受けて〟いるという日本の政治的、社会的状況こそが問題なのだ。

〈文中敬称略〉

第3章　劣化する「保守」論壇誌と極右運動

川端幹人
元『噂の眞相』副編集長、LITERA編集者

1　劣化著しい「保守」論壇誌

「嫌韓・嫌中」から「反日」狩りへ

「歪むメディアと民主主義」という本書のサブタイトルの表現を借りれば、保守論壇誌は、その表情をもっとも醜く「歪ませている」メディアといっていいだろう。

「哀れな三等国、韓国」「世界中で嫌われる韓国人とシナ人」「韓国人は世界一の嘘つき民族」「中国は今も昔も『パンツ製造所』」「墓穴を掘って、なお懲りないコリアン根性」「韓国に関わると日本はダーク・サイドに落ちる」「韓国が壊死する」「総力特集　韓国滅亡への道」……。これらの言葉は、ここ数年の『正論』『Ｗｉｌｌ』『Ｈａｎａｄａ』『ＳＡＰＩＯ』といった雑誌に掲載された記事のタイトルだ。批判というレベルをはるかに超えた、特定の民族や人種への差別と排除を煽動する言葉、ネットの差別書き込みをそのまま印刷したようなヘイトスピーチが、全国書店に並ぶ雑誌に堂々と掲載されている。

しかも、保守論壇誌のこうした排除と差別の刃は中韓だけでなく、国内にも向けられている。それを象徴するのが「売国」「国賊」「反日」といった言葉だ。

保守論壇誌は以前から、人権派、反原発、野党、さらには朝日新聞などのリベラルメディアを〝左翼〟とひとくくりにして批判してきた。しかし「売国」「国賊」は、日中戦争から太平洋戦争にかけて、政府の方針に批判的な人物を弾圧するために使われた言葉だ。そんな排斥の言葉を、自分たちの意に沿わない意見を持つ人々や政権批判をするメディアに対して使い始めたのである。「国賊朝日新聞は廃刊すべきだ」「廃刊せよ！　消えぬ反日報道の大罪」「言い逃れできぬ『慰安婦』国辱責任」というように。

これは、ただ戦前の言葉が復活したというだけではない。

二〇一七年一一月、中野晃一・上智大学教授が、『SAPIO』（小学館）からの驚くべき取材依頼があったことをツイッターで明かしていた。中野教授が韓国紙「ハンギョレ」（同年一〇月二五日）のインタビューに答えて「安倍首相の失脚が右傾化を終わらせるとは思わない。ただし、安倍首相が右傾化を進めたのは事実であり、とりあえず彼を止めることが重要だ」とコメントしたことについて、SAPIO編集部からこのような質問状が届いたという。

〈ご発言は「日本批判」と読めますが、記事の言葉通り、先生の主張を反映したものと認識してよいでしょうか。〉

〈韓国の反日的な宣伝活動に協力している、もしくは利用されているとの懸念が生じますが、その点についてはどうお考えでしょうか。〉

韓国の新聞でごく普通に政権を批判しただけで、「反日日本人」のレッテルを貼って吊るし上げをする

――保守論壇はいまや、戦前・戦中を想起させる言論弾圧になんの違和感も感じなくなったばかりか、自ら積極的に〝非国民狩り〟に乗り出す特高的メンタリティまで持つようになってしまったのである。

歴史修正主義と陰謀論の横行

さらに暗澹《あんたん》とさせられるのは、こうしたヘイトや排斥の根拠として、デマや捏造、陰謀論の類、いわゆるフェイクニュースが平気で持ちだされ、それがあたかも事実のように流通していることだ。

そのひとつのあらわれが、歴史修正主義のエスカレートだ。日本の戦争犯罪を矮小化する歴史修正主義は保守論壇誌の一貫した特徴だが、それでも以前は最低限の倫理があった。

たとえば南京事件についても、一九九〇年代までの保守論壇誌では、中国側が発表している被害者の人数を疑問視する意見が主流で、虐殺を完全否定する「まぼろし派」に対しては、むしろ批判的な論考も掲載されていた。ところがこの数年、こうした中間派の文章はほとんど掲載されなくなり、実証とはかけ離れた、虐殺そのものを否定する「捏造説」が大手をふって闊歩するようになった。

従軍慰安婦問題でも同様だ。軍の強制連行を否定する主張から、軍関与否定、果ては「慰安婦は韓国の捏造」といった論調にどんどんエスカレートしている。

あげくは、コミンテルン陰謀史観までが復活した。コミンテルン陰謀史観とは、ソ連が主導して組織した共産主義政党による国際組織コミンテルンがルーズベルト大統領を操り、政治謀略によって日本を日中戦争、日米開戦に引きずり込んだとする陰謀論だが、確たる根拠はまったくなく、保守論壇内でも二〇年以上も前にトンデモの烙印を押され、まともに相手にされていなかった。

しかし、自衛隊航空幕僚長だった田母神俊雄がコミンテルン陰謀史観を全面展開した論文でアパグループの懸賞論文最優秀賞を受賞したあたりから、この陰謀論は復活の兆しを見せ始める。「東京裁判史観を撃つ張作霖爆殺の黒幕はコミンテルンだ」（『正論』二〇一一年七月号）「秘話発掘　反日国際謀略工作の原点」（『正論』二〇一一年一月号）「皇室を衰退させた『真犯人』　コミンテルンが歪めた憲法の天皇条項」（『正論』二〇一二年九月号）といった記事が、なんの批判も受けずに掲載されるようになった。他にも「贖罪史観植え付けの目的は『原爆』『東京裁判』対策だった」「沖縄米軍基地は中ソと日本共産党による革命危機がつくった」など、陰謀史観全開の記事は増加の一途を辿っている。

これは、もちろん歴史認識の傾向だけではない。昨年、TOKYO MXテレビの『ニュース女子』が沖縄米軍基地反対運動を取り上げた回の報道内容について、BPOが「重大な放送倫理違反があった」とデマ認定をしたが、保守論壇誌にはそれ以前から、同様のデマ記事が山ほど掲載されてきた。基地反対運動には中国や韓国の組織的スパイが入り込んでいる、座り込みをしている人たちが日当をもらっている……こうしたデマを早くから書き立てたのは保守論壇誌だった。

ほかにも、世界各地で建立されている慰安婦像について「反日包囲網の仕業」「朝日が建てた」などと強弁したり、国連を「左翼や反日の巣窟」と攻撃したり、果ては「肝臓ガンは中共の仕業」などと言い立てたり、フェイク的な記事は枚挙にいとまがない。

2　劣化の源流は九〇年代

「つくる会」の登場と宗教右派の浸透

ヘイト、反日攻撃、フェイク、陰謀論……福田恆存《つねあり》や林健太郎、江藤淳らが論陣を張ったかつての保守言論には、曲がりなりにも教養や奥行きがあったが、いまやそんなものはみじんもない。いったい、なぜ保守論壇はここまで劣化してしまったのか。もちろん、この事態は突然起きたことではなく、二〇年前から段階的に進んできたものだ。

たとえば、保守言論の変容を分析した『『諸君!』『正論』の研究』(上丸洋一著、岩波書店)が、前述の「反日」という排斥の言葉が『正論』『諸君!』のタイトルになった回数を年代別に集計している。それによると、『正論』では、九〇〜九四年には三件だったのが、九五〜九九年には一七件。同じく『諸君!』でも九〇〜九四年には三件しかなかったのが、九五〜九九年に九件。「反日」という排斥の言葉は、九〇年代後半を境に激増したと言ってもいいだろう。

また、元従軍慰安婦のインタビュー記事を執筆したことで、激しいバッシングとデマ攻撃を浴びせられてきた朝日新聞の植村隆元記者は、反論の書『真実　私は「捏造記者」ではない』(岩波書店)で、こう振り返っている。

「ちょうどこの九十年代後半から、慰安婦問題をめぐる歴史修正主義のバックラッシュ(反動)が始まった。私の記事を『捏造』といい始めた時期が重なるのだ」

九〇年代後半にこうしたエスカレートが起きた背景には、「新しい歴史教科書をつくる会」（以下「つくる会」）の存在がある。日本の戦争犯罪についてふれた歴史教科書の記述を「自虐史観」と断罪し、「子供たちが日本人としての自信と責任を持つことのできる教科書をつくる」ことを目的にしたこの「つくる会」が結成されたのは一九九六年。運動は大きな盛り上がりを見せ、保守言論界を糾合する動きに発展。保守論壇誌にも「つくる会」関係者の歴史教育批判や歴史修正主義の主張が掲載されるようになった。

しかし、この「つくる会」は保守というより右翼運動体そのものだった。「つくる会」を設立し、同会のイデオローグ的役割を担っていた藤岡信勝・東京大学教育学部教授（当時）と、彼が率いる「自由主義史観研究会」のグループのファナティックな主張や活動はよく知られているが、それ以外にも宗教右派が中核メンバーに入り込んでいた。たとえば九九年から二〇〇四年まで副会長を務めた教育学者の高橋史朗は、早稲田大学在学時代、宗教団体「生長の家」が新左翼に対抗するために作った青年組織「生学連」（生長の家学生会全国総連合）の幹部活動家で、その後、天皇中心主義と戦前回帰を目的に結成した極右組織「日本青年協議会」や、その下部団体「日本教育研究所」にも深くかかわっていた。ちなみに、この日本青年協議会は右派団体「日本会議」の前身「日本を守る会」時代から、その実働部隊となってきた組織だ。

しかし保守系論壇誌は、この右翼運動家や宗教右派が入り込んだ「つくる会」に距離を置くどころか、ブームにあやかろうと藤岡や高橋、そして初代会長の西尾幹二や漫画家の小林よしのりなど「つくる会」関係者を積極的に誌面に起用し、従軍慰安婦否定、侵略戦争否定、そして戦後の歴史教育批判を語らせ始めた。彼らの主張は、教科書出版社に対して「反日勢力と結託している」「出版労連の指示で談合している」と攻撃するなど、これまでの保守論壇にはなかった謀略宣伝的話法に満ちており、そういう意味では、保守論壇誌は「つくる会」の登場によって「保守言論の場」から「右翼プロパガンダの場」に変質したといってもいいかもしれない。

政治利用された拉致問題

続いて、保守論壇誌のギアをもう一段上げたのが、二〇〇二年、小泉訪朝によって明らかになった北朝鮮の拉致問題だ。

同胞が外国に拉致されていたという事実は日本人の愛国心を刺激し、日本社会にある種の熱狂状態を生み出したが、保守論壇誌はその急先鋒として、ファナティックとしか言いようのない拉致問題報道を展開した。また、北朝鮮や朝鮮総連を批判するだけでなく、過去に北朝鮮を訪問していた政治家や、北朝鮮との有和政策を主張していたメディアを吊るし上げ始めた。「売国奴」「国賊」といった右翼用語をさかんに駆使し始めたのもこのころだった。

「［不審船］売国政治屋・総連・朝銀を徹底的に洗え」（『諸君！』二〇〇二年三月号）「金王朝延命に手を貸す『売国奴』」（『SAPIO』二〇〇三年四月九日号）「いまだに親北朝鮮イベントを呼びかける河野洋平衆議院議長の売国言動録」（『正論』二〇〇四年二月号）

こうした攻撃は、北朝鮮との交渉窓口で小泉訪朝を実現させた田中均・外務省アジア大洋州局長（当時）にも向けられた。田中は北朝鮮に拉致を認めさせた立役者でありながら、被害者を戻すという北朝鮮との約束を履行しようとしたこと、北朝鮮への圧力を強めることに抵抗したことなどから一転、激しいバッシングを浴びたが、その急先鋒となったのが保守論壇誌で、田中を「国賊」（『諸君！』二〇〇二年一一月号、二〇〇三年二月号）「売国の外交官」（『正論』二〇〇三年八月号）などと罵倒し続けた。二〇〇三年九月には、田中の自宅に右翼団体が爆発物を仕掛けるという事件が発生したが、保守論壇誌はそれでも田中への攻撃をやめなかった。

拉致問題におけるこうしたヒステリックな論調には、「北朝鮮に拉致された日本人を救出するための全国協議会」（以下「救う会」）の影響も大きかった。早くから拉致問題に取り組み、拉致被害者の「家族会」を支えてきた「救う会」は、小泉訪朝以降、脚光を浴び、佐藤勝巳会長、西岡力副会長（いずれも当時）らが、さまざまなメディアに登場するようになった。しかし、「救う会」も前述の「つくる会」同様、たんに拉致問題解決や拉致被害者の奪還を目的とするだけではなく、右翼民族派や宗教右派も入り込んだ、ゴリゴリの右派団体だった。

拉致被害者の兄である蓮池透は、著書『拉致被害者たちを見殺しにした安倍晋三と冷血な面々』（講談社）の中で、この「救う会」の幹部が「右翼的な思想を持つ人ばかり」で、「救う会」による勉強会では、憲法九条の改正や核武装の必要性まで語られていたことを指摘した上、こう書いている。

〈当時の「家族会」メンバーには、政治的信条は特になかった。キャンバスにたとえれば、真っ白だったといえる。それが、「救う会」のいわゆる「オルグ」の連続により、徐々に右翼的な色に染まっていった。〉

西岡力ら「救う会」幹部は以前より保守論壇誌に寄稿していたが、拉致問題をきっかけに常連執筆者となり、前述のようなヒステリックな北朝鮮叩きと並行する形で、日本の戦争責任や従軍慰安婦の否定、改憲などを声高に叫ぶようになっていった。

3　二〇一〇年代のさらなる劣化

二〇一二年以降の「嫌韓・嫌中」ブーム

以上のように、保守論壇は九〇年代後半から二〇〇〇年代前半にかけての段階で、すでにかなりの変質をとげていた。しかし、「劣化」という意味ではやはり、この数年の間に起きたことがもっとも顕著だ。

そのひとつが、冒頭でもふれた中国・韓国ヘイト記事の急増だ。歴史認識や領土問題などで中国や韓国を激しく攻撃する記事は多数掲載されてきたが、それはあくまで国家への批判だった。ところが、二〇一二年から一三年を境に、中国、韓国の国民や民族性を差別的表現で罵倒するような記事が急増した。

「韓国は叩け！　さもなければつけ上がる　稲田朋美×片山さつき」（『正論』二〇一二年一一月号）、「日本人には理解不能?!　かくも卑しきコリアン根性　黄文雄」（『正論』二〇一二年一一月号）、「哀れな三等国、韓国」（『W・i・L・L』二〇一二年一二月号）、「世界中で嫌われる韓国人とシナ人　渡部昇一×黄文雄」（『W・i・L・L』二〇一二年一二月号）「何と哀れな国民か　韓国人でなくて良かった　渡部昇一」（『W・i・L・L』二〇一二年一二月号）……。

根拠のないフェイクニュースや薄っぺらな陰謀論が急増したのもこのころだ。それまでのフェイクや陰謀論は歴史認識に関するものが大半だったが、「在日特権」や「中国・韓国の日本社会での謀略活動」など、ネットで流通しているただの都市伝説やデマをそのまま垂れ流すケースが多くなった。

この劣化の裏には、もちろんネット右翼の影響がある。二〇一〇年ごろから、「在日特権を許さない市民の会」（在特会）などの排外主義を掲げる運動が盛り上がりを見せ、ネットでも、韓国人や中国人、在日外国人に対して「出て行け」、さらにはジェノサイドまでを叫ぶグロテスクなヘイトスピーチが急増した。

すると、出版業界はこれに引きずられるように次々と嫌韓本や反中本を出版し始め、保守論壇誌もこれまでの中韓批判とはまったく次元の違う、ヘイトを前面に出した記事を掲載するようになる。しかも、これらの嫌韓本やヘイト記事を掲載した雑誌が予想以上の売れ行きを見せたため、この傾向はますますエスカレートしていった。

そして、SNSやYouTubeなどでヘイト的言説やフェイクニュースを拡散している自称ジャーナリストや、ネット右翼から〝神〟と崇められているような評論家、作家を積極的に起用し、その著書を出版するようになった。

「沖縄二紙は潰さなあかん」発言の作家・百田尚樹や、安倍応援団の自称文芸評論家・小川榮太郎らが保守論壇誌に重用されることになるのはある程度、予測ができたが、極右ネットTV「チャンネル桜」社長の水島総《さとる》、基地反対運動に関する数々のデマ拡散で知られる「八重山日報」編集長の仲新城誠《なかしんじょう》、嫌韓・嫌中発言をくりかえすテキサス親父ことトニー・マラーノ、フレームアップの手法を駆使した〝反日攻撃動画〟を続々とアップしている一九八八年生まれのユーチューバー・KAZUYAまでが、保守論壇誌に登場するようになった。

出版業界は、最低限の出版倫理や矜持までかなぐり捨てて、「ネット言論」のもっとも質の悪い部分を一周遅れで追いかけ始めたのだ。

出版業界の斜陽化とヘイトビジネス

こうした劣化は、おそらく出版業界が直面している経済的な危機と深く関係している。

出版業界の売り上げは一九九六年をピークに長期低落傾向が続いているが、この減少幅がさらに激しくなったのが二〇〇六年から〇九年にかけて。雑誌の廃刊も二〇〇八年から急激に増加した。

これは保守論壇系の出版物も例外ではなかった。保守論壇誌や右派論客の書籍は、拉致問題がクローズアップされた直後の二〇〇二年ごろにはむしろ売れ行きを大きく伸ばし、当時の『正論』編集長である大島信三が『論座』(二〇〇三年一二月号)のインタビューで「小泉訪朝直後の二〇〇二年一一月号から二〇〇三年三月号まで五カ月連続で実売率が八〇%を超えました。それも八五%、九五%といった数字で、創刊(一九七三年)以来初めての売れ行きが続きました」と胸を張るほどだった。ところが、第一次安倍政権が崩壊した二〇〇七年ごろからふたたび低落傾向におちいり、二〇〇九年には『諸君!』が廃刊に追い込まれる事態となった。

そうした状況下で、出版社が〝売れるコンテンツ〟として飛びついたのが、嫌韓本やネット右翼系のヘイト記事だったのだ。

嫌韓本については、すでに二〇〇五年に出版された『マンガ 嫌韓流』(晋遊舎)がベストセラーになっていたが、このときはまだ、ごく一部の出版社しかそのブームを後追いしなかった。だが、その後、出版危機はさらに進み、もはやなりふり構っていられなくなったということなのだろう。

加えて大きかったのが、元『週刊文春』編集長の花田紀凱《かずよし》が率いる『WiLL』の登場だ。花田は『週刊文春』時代のセンセーショナリズムを保守論壇に持ち込み、嫌韓ブームが起きると見るや、前述のような煽情的なレイシズム丸出しの記事を毎号、掲載し始めたのだ。この『Ｗｉ Ｌ Ｌ』の成功が『正論』やその他の保守系雑誌に大きな影響を与え、ヘイトとネット右翼化がどんどんエスカレートしていった部分はあるだろう。

そういう意味では、一九九〇年代後半の「つくる会」や二〇〇〇年代前半の拉致問題で保守論壇に起きた変化と、二〇一二年から二〇一三年にかけて起きたことは、根本的に性質の異なるものだ。前者は「右翼運動との一体化」が原因だったが、後者は明らかに「売る」こと、ビジネスを目的としたヘイト化でありネット右翼化だった。そして、出版業界のこの「売るための劣化」はその後も進行し続けている。嫌韓ブームの次は「日本スゴイ」本や日本礼賛記事が溢れかえり、二〇一七年には業界最大手の講談社までがケント・ギルバートの中韓ヘイト本『儒教に支配された中国人と韓国人の悲劇』を出版した。

同書については、講談社社内でも批判の声があがり、同社の組合報に〈私は、この本の存在を、書店、そしてネット上のレビューで見たときに、本当に目の前が真っ暗になるほどの絶望を感じました〉といった社員の声が掲載されたほどだったが、会社は同書を社内表彰しており、ヘイト本を出版したという自戒や反省はまったくない。今後、講談社をはじめとする大手出版社がヘイト本ビジネスに参入する流れは、ますます加速していくだろう。

一方、保守論壇誌のほうは〝組織買い〟をねらったコンテンツにも熱心に取り組み始めている。たとえば、二〇一六年に別冊『正論』が「霊性・霊界ガイド」という一冊丸ごとオカルト大特集を組んだが、これは幸福の科学など宗教右派の組織買いをあてこんで企画されたものではないかといわれている。

4 政治権力との一体化

「安倍応援団」化する右派論壇

まさに目を覆いたくなる「劣化」だが、しかし、私たちには「劣化」それ自体よりも、もっと危惧しなければならないことがある。それは、差別とデマと陰謀論に満ちた、劣化した保守論壇が現実の政治権力と一体化していることだ。

実は、最近の保守論壇誌のメインコンテンツは韓国叩きでも、中国叩きでもない。安倍政権擁護と政権批判叩きなのである。たとえば、森友問題や加計問題が大きな問題になったこの一年間の『WiLL』『Hanada』『正論』に掲載された記事をざっと振り返ってみよう。

「『加計学園』問題　ウソを吠えたてたメディアの群」（『WiLL』二〇一七年九月号）

「総力大特集　常軌を逸した『安倍叩き』」（『Hanada』二〇一七年九月号）

「『安倍潰し報道』はもはや犯罪だ！　百田尚樹×有本香」（『Hanada』二〇一七年九月号）

「私を無視したマスコミと前川喜平氏に告ぐ　加戸守行・前愛媛県知事」（『正論』二〇一七年九月号）

「モリカケ〝人民裁判〟は国会議員の思い上がり　小川榮太郎×加地伸行」（『正論』二〇一八年一月号）

「カラ騒ぎに終った『モリ・カケ』朝日報道　記者の仮面をかぶった活動家だよ　高山正之×長谷川幸洋」（『WiLL』二〇一八年二月号）

「『作られた疑惑』加計問題　萩生田光一」（『Hanada』二〇一八年三月号）

「朝日が仕掛けた〝安倍集団リンチ〟　阿比留瑠比×長谷川熙」（『WiLL』二〇一八年五月号）
「朝日は『絶対に』潰さなアカン！　百田尚樹」（『Hanada』二〇一八年五月号）
「昭恵夫人叩きは現代の魔女狩り　有本香」（『Hanada』二〇一八年五月号）

こういう調子で、森友学園や加計学園の疑惑をすべて「朝日の捏造」「反日マスコミの謀略」と言い切り、前川喜平・前文科省事務次官はじめ不正の告発者を徹底的に攻撃する記事が、毎号のように掲載されているのだ。しかも、その中身は客観的にみても根拠薄弱な陰謀論だらけのひどいシロモノで、中には「森友問題のダークマター　なぜ辻元清美の名前が出て止まったのか」「中央公園と辻元議員こそ疑惑のど真ん中」（『WiLL』二〇一七年六月号）など、ネット右翼が流したデマをそのまま記事にしたケースもあった（ちなみに、同誌に「中央公園と辻元議員こそ疑惑のど真ん中」と書いた足立康史・衆議院議員は、のちにこれがデマであることを認め謝罪している）。

まるで逆転した価値観に支配されたパラレルワールドのようだが、実はこの状態は、モリカケに始まった話ではない。第二次安倍政権以降、保守論壇誌は、あらゆる局面でひたすら安倍首相を擁護し、政権を批判するものは徹底的に叩くという姿勢を貫いている。

しかも、野党や朝日新聞、リベラル系のジャーナリストや学者だけでなく、自民党の政治家や保守論客でも、政権を批判する者は攻撃対象になる。たとえば、保守論壇誌がこの間、立憲民主党や共産党よりも激しく叩いているのが、自民党の石破茂元幹事長である。

「加計学園問題の〝主犯〟は石破茂　小川榮太郎」（『Hanada』二〇一七年九月号）
「石破茂だけは総理にしてはいけない　田母神俊雄」（『WiLL』二〇一七年一〇月号）

「自衛隊は総スカン　石破さんはウソつきだ　海上自衛隊元幹部匿名対談」（『ＷｉＬＬ』二〇一七年一〇月号）
「石破茂　まだまだあるこれだけの〝罪状〟」（『Ｈａｎａｄａ』二〇一七年一〇月号）
石破元幹事長は、核武装や徴兵制まで言及したことがあり保守論壇とは意見が近いはずだが、党内の権力争いで〝反安倍〟的姿勢をとっているというだけで、これだけの悪罵を投げつけているのだ。
いや、石破どころではない。現天皇が安倍首相の歴史修正主義や改憲に批判的姿勢を示すと、『正論』では「憲法巡る両陛下のご発言公表への違和感」と題して、安倍ブレーンの八木秀次が〈両陛下のご発言が、安倍内閣が進めようとしている憲法改正への懸念の表明のように国民に受け止められかねない〉〈宮内庁のマネジメントはどうなっているのか〉と、天皇批判ともとれる文章を掲載した（二〇一四年五月号）。天皇をめぐるここまでの攻撃は、従来の保守論壇誌ではありえなかったことだ。
一方、安倍首相に対しては、自分たちの思想に反する政策をとっても絶対に批判しない。二〇一五年の戦後七〇年談話や日韓慰安婦「合意」、あるいは、安倍首相の主導でもちだされた憲法九条二項維持・自衛隊明記という改憲案についても、普通なら右派論客たちから「弱腰」といった批判が聞こえてきそうなものだが、保守論壇誌を見る限りそうした批判はほとんどない。日韓慰安婦「合意」などは、まるで安倍首相が米韓の謀略の被害者のように擁護していた。
歯が浮くような安倍礼賛記事も頻繁に掲載されている。「安倍首相は孤軍奮闘——自民党よ、しっかりせい！」（『正論』二〇一五年九月号）「総力特集　それでも、やっぱり安倍晋三！」（『ＷｉＬＬ』二〇一六年八月号）「稀代の戦略家　安倍晋三」（『Ｈａｎａｄａ』二〇一七年二月号）「兄・安倍晋三の外交戦略が日本を守る」（『正論』二〇一七年一二月号）「総力大特集　安倍総理は本気だ！」（『Ｈａｎａｄａ』二〇一八年一月号）……。

こうした傾向は、登場する執筆者にも見てとれる。小川榮太郎や阿比留瑠比《あびるるい》、西岡力、八木秀次、櫻井よしこ、百田尚樹といった安倍首相のブレーン、もしくは首相に近いとされるジャーナリストや学者がやたら多用され、保守派であっても、小林よしのり、西部邁など、安倍政権に批判的な論客や反米保守は、ほとんど名前を見なくなった。

安倍首相の保守論壇重用戦略

要するに、保守論壇誌はいまや〝安倍晋三ファンクラブ会報〟もしくは〝安倍教信者向け機関誌〟と化している状態なのだ。評価の基準は、右か左か、保守かリベラルかでなく、安倍の敵か味方か。安倍応援団は「真の保守」「愛国者」と重用され、政権批判をする者は、保守論客や自民党の政治家であっても「反日」「左翼」「中韓のスパイ」と攻撃される。

カルト宗教のような個人崇拝ぶりだが、この保守論壇の安倍親衛隊化は、たまたま生まれた状況ではない。第一次政権の失敗を踏まえて、安倍首相自身が戦略的につくりだしたものだ。

拉致問題で注目を集めて以降、『正論』や『諸君！』などの保守論壇誌の常連となり、勇ましい改憲論、歴史修正主義発言で右派ジャーナリズムから「保守のプリンス」「将来の総理候補ナンバーワン」などと期待を集めてきた安倍だが、第一次安倍政権ではこの蜜月関係が崩れていた。

それは安倍が総理になって以降、右派的姿勢を抑え気味にして、保守論壇と距離をとるようになったためだった。強く主張してきた靖国参拝も、総理になった途端、「行くか行かないかについて申し上げるつもりはありません」と〝あいまい作戦〟でごまかし、結局、公には一度も参拝しなかった。慰安婦についても当初は「狭義の強制性」を否定する答弁書を閣議決定したが、アメリカから厳しい批判を浴びると一転して訪米時に「河野談話」の継承を約束した。また、保守論壇誌のインタビューなども、総理になってからはほとんど受けなくなった。

その結果、支持基盤であった右派勢力内部に安倍首相に対する失望感が広がり、保守論壇からは批判の声も聞かれるようになった。周知のように安倍首相は二〇〇七年、体調を理由に政権を途中で放り出して辞任するのだが、もっとも強固な支持基盤である右派、保守勢力の支持を失ったことも、安倍が追いつめられた大きな要因だった。

しかし、この第一次政権の失敗については安倍自身がもっとも強く後悔していたようだ。安倍は野に下った後、軌道を完全に修正する。保守論壇誌にまたぞろ頻繁に登場し始め、歴史修正主義や改憲などの極右的主張もこれまで以上にエスカレートさせていった。『正論』『ＷｉＬＬ』はもちろん、ヘイト本を大量に出版している青林堂が発行し、元在特会会長・桜井誠もたびたび登場しているヘイト雑誌『ジャパニズム』(二〇一一年六月）にまで「安倍晋三の逆襲……元内閣総理大臣　安倍晋三」なるインタビュー記事が掲載された（ちなみに、安倍首相の政治団体「晋和会」の二〇一一年度政治資金収支報告書には、青林堂から一九万五九三〇円分の書籍購入記録があり、これはこの『ジャパニズム』の買取り金額だと思われる）。

この傾向は、民主党政権が誕生するとさらに強まり、「元内閣総理大臣　安倍晋三」は右傾化する保守論壇誌による民主党叩きのアイコン的存在にもなった。二〇一二年、安倍は自民党総裁選に再出馬し、一二月の総選挙を経て総理の椅子に返り咲くのだが、この復活劇にも保守論壇との関係再構築が大きな役割を果たした。当初は、自民党内でも政権放り出し辞任を持ちだして「まだ早い」とする意見が圧倒的だったが、保守論壇誌が一斉に「安倍晋三再登板待望論」を書きたて後押しをしたのだ。

そして総理大臣就任後、安倍首相は第一次政権のときとは打って変わって、保守論壇との関係を重視し、右派メディアや右派論客を重用するようになる。

たとえば、この五年と少しの間に安倍首相が保守論壇誌のインタビューや対談に何回登場したか、その回数を調べてみると、『正論』には三回、『WiLL』にはなんと五回。一年前に創刊したばかりの『Hanada』でもすでに一回、インタビューが掲載されている。一国のトップが特定メディアで単独インタビューに応じるだけでも公平性を欠くとの批判があるのに、現役の総理がヘイトや歴史修正主義も飛び交う極右雑誌の取材や企画をこんなに頻繁に受けるというのは、前代未聞だろう。

しかも、総理になった安倍の保守論壇への貢献はそれだけではなかった。保守論壇誌の発行会社のイベントやビジネスに全面協力し、自分を応援してくれた極右言論人たちに、その右派的主張を政策に反映させることのできる公的地位まで与え始めたのだ。

総理就任直後、百田尚樹と長谷川三千子をNHK経営委員に就任させたのを皮切りに、第二次安倍政権では、首相の諮問機関・教育再生実行会議に八木秀次、中央教育審議会委員に櫻井よしこ、「日本の美」懇談会座長に津川雅彦、規制改革推進会議委員に長谷川幸洋と、安倍応援団が次々に、首相の諮問機関や政府の審議会の委員に就任している。

もっと露骨だったのが、中学校の道徳教科化をめぐる動きだ。この道徳教科化は、安倍首相が愛国教育推進のために打ち出した政策だが、その裏で、安倍首相の最大のブレーンといわれる極右学者が、道徳教科書の出版に参入していたのである。

この極右学者とは、ここまで何回か名前が出ている法学者の八木秀次。八木は安倍首相の教育改革の諮問機関・教育再生実行会議の委員で、道徳教科化は八木ら同会議の提言が元になった政策だった。

ところが、八木はその一方で、みずからが代表取締役となって「日本教科書株式会社」なる道徳教科書専門の出版社を設立。同社が作った道徳教科書が二〇一九年度の検定に合格しているのだ（ちなみに、日本教科書の代表取締役は二〇一七年九月、八木からヘイト本を出版している晋遊舎の代表取締役会長・武田義輝に交代しているが、これはおそらく、検定合格後に〝お手盛り〟〝お友だち優遇〟と追及されることを恐れての措置ではないか）。

こうしたケースは他にもある。二〇一八年五月、アパグループ傘下の財団が賞金一〇〇〇万円の「アパ日本再興大賞」なる表彰制度を創設することを発表したが、内閣府がこれを「公益目的事業」として認定していたことがわかったのだ。アパといえば、グループ代表の元谷外志雄《もとやとしお》氏の「南京虐殺はなかった」とする著作を客室に置いたり、元谷代表が同グループ機関誌でユダヤ陰謀論を主張したりして国際的な批判を浴びているホテルチェーン。そんな企業の歴史修正主義活動を、内閣府が公益目的事業と認定するというのは信じがたいが、アパの元谷会長は安倍首相の「ビッグサポーター」としても知られている。

待ち受けるグロテスクな未来

まさに森友問題や加計問題を想起させる構図だが、いずれにしても総理大臣からのこうした厚遇に、これまでエスタブリッシュメントからまともに相手にしてもらえなかった極右論客やネトウヨ文化人が大感激したことは想像に難くない。彼らは「安倍さんはわれわれの話をきちんと聞いてくれる」「やはりわれわれの安倍さんだ」と喜びにうち震え、競うように安倍への忠誠と礼賛を示すようになった。そして〝安倍さま擁護〟のためなら、それがデマやフェイクでも平気で拡散し始めた。おそらくそういうことだろう。

そういう意味では、安倍首相の戦略はまんまと的中したというわけだが、しかしその結果、言論空間としての保守論壇は完全にトドメを刺されることになった。政権との癒着によって、保守論壇は多様な意見が共存する言論空間としての幅や奥行きを完全に喪失して、先述したように、ただの〝安倍晋三ファンクラブ会報誌〟と化してしまったのだ。

しかも、この安倍首相と保守論壇の癒着、一体化が深刻なのは、たんに〝保守言論が著しく劣化した〟ことではない。劣化した言論が、総理大臣や政権のオーソライズによって、この国のスタンダードになりつつあることだ。

グロテスクなヘイトやフェイクが、ネット右翼から保守論壇誌を侵食したことは先に述べたが、いまやそれは新聞、テレビにまで広がり、あたかも事実のように独り歩きを始めている。要職につく政治家までが「日本は在日に支配されている」「マスコミは中国と韓国が操っている」というような陰謀論を平気で口にし、狂った排外主義や歴史修正主義政策が現実の政策に影響を与えるようになった。このままいけば、正義と不正義、事実とフェイクが完全に転倒した価値観が社会全体を覆ってしまいかねない。

しかもこの流れは、仮に安倍政権が倒れても簡単には変わらないだろう。むしろ安倍が野に下ることで保守勢力はさらに先鋭化し、強力な圧力団体として次の政権を、そしてこの国全体を飲み込んでしまう可能性もある。

くりかえしになるが、保守論壇の劣化は、たかだか発行部数数万部の雑誌の中だけで起きている問題ではない。この国のグロテスクな未来を指し示しているのである。

〈文中敬称略〉

第4章　産経新聞による記者・メディアへのバッシング

臺《だい》　宏士
フリーライター、元毎日新聞記者

1　政権を追及する記者へのバッシング報道

全国紙の五紙の中にあって、政府寄りの論調が色濃いのが産経新聞だ。第二次安倍政権下では特定秘密保護法や安全保障法制、辺野古新基地建設や憲法改正といった新聞の論調が割れた問題では、つねに政府・与党の政策を支持する立場から報道してきた。ここにきて強めているのが、政府に批判的な新聞記者や新聞社に対するネガティブキャンペーンだ。

安倍政権のスポークスパーソンである菅義偉《すがよしひで》官房長官を相手に、記者会見で舌鋒鋭く質問をぶつけ続けている東京（中日）新聞社会部の望月衣塑子記者に対する報道ぶりはとくにすさまじい。二〇一七年六月から半年足らずで、記事数は三〇本ほどにも及んだ。実に一カ月に五本ほどのペースだ。その後も、掲載ペースは遅くなったものの、記事は積み重なり続けている。大物政治家なみの関心の寄せようなのだ。もちろん、好意的な立場からではない。

「山尾志桜里氏、疑惑弁護士と大阪出張の文春砲　女性セブンでは望月記者と大放談、不倫疑惑をすり替え」――。これは、産経新聞が二〇一七年一一月二一日、インターネット版「産経ニュース」に掲載した記事のタイトルだ。小学館の週刊誌『女性セブン』（一一月三〇日・一二月七日号、一一月一六日発売）に掲載された、山尾衆院議員と望月記者の対談にかみついたものである。

『女性セブン』の対談は、学芸大学附属大泉中・高校の先輩（山尾氏）、後輩（望月記者）の仲という二人の少女時代の思い出話から始まり、山尾氏は「プライベートに土足で入られてもやるべきことは変わらない」、望月記者は「空気を読まずに空気を変える」とのそれぞれのコメントが見出しにもなっている。

「この対談は〝スキャンダル〟だ！」とのコピーはいかにも週刊誌的とはいえ、国会議員や新聞記者として活動するにあたって抱いた疑問を語りあうという、よくある体裁の記事だったが、産経は気に入らなかったらしい。産経は「対談では終始、男性社会と安倍政権が批判されている。公人である山尾氏をジャーナリストの望月記者が追及する姿勢は見受けられなかった」と皮肉ったが、記事は無署名だった。

望月記者が菅官房長官の記者会見にはじめて出席したのは二〇一七年六月六日だ。学校法人「加計学園」（岡山市）の獣医学部の新設問題に絡み、「総理のご意向」と書かれた文部科学省の内部文書や、その存在を証言した前川喜平・前文科事務次官の辞任について質問した。

産経ニュースがこれ以降に報じた記事の本数は、確認できただけでも三二本にものぼる。望月記者の実名が記載された記事が二四本、望月記者と思われる「東京新聞記者」「東京新聞社会部記者」といった表記の匿名記載が八本あった（二〇一八年三月三一日現在）。大半はネット版「産経ニュース」向けの記事で、新聞紙面での実名記事は、産経新聞の記事データベース（DB）で検索したところ七本だけだった。それでも、特定の記者を取り上げる記事の数としては多い。

官邸と歩調を合わせた記者攻撃

産経ニュースの記事の特徴は、一本の記事の分量が多いだけでなく、その取り上げ方も、本書のタイトル通り「憎悪」に満ちた内容が大半を占めている点である。

もっとも早い記事となる六月六日付のタイトルは「【加計学園問題】菅義偉官房長官と記者、前川前事務次官めぐり〝バトル〟」で、このときは新聞社名だけで実名では報じられていない。その後も「菅義偉官房長官、東京新聞記者に『事実か確認して質問を』と苦言」(六月二八日)などと続き、七月一八日の「【安倍政権考】官房長官の記者会見が荒れている！　東京新聞社会部の記者が繰り出す野党議員のような質問で」ではじめて実名で報道された。

記事を書いたのは政治部の広池慶一記者。この記事について望月記者は、著書『新聞記者』(角川新書)の中で「まるで私をクレーマーのように思わせるタイトルには、さすがにカチンときた。記事そのものは淡々とした筆致だったので『まあ、いいか』と最終的には無視した。それにしても、いったいどこを向いて新聞記者という仕事をしているのか、と言いたい」と言及している。広池記者は、その「荒れている」記者会見の主役である望月記者が質問をぶつけた直後に、文部科学省が内部文書の追加調査をすることに方針転換するという「成果」があったことにはふれていない。フェアではないだろう。このときの質疑は、テレビ朝日やTBSの報道番組で大きく取り上げられ、望月記者が一躍注目を集めるきっかけとなった。

八月に入っても望月記者のやまぬ質問に、「東京新聞記者VS菅義偉官房長官　七連発の波状攻撃に菅氏の回答は…」（八月一日）、「東京新聞記者に朝日新聞記者が〝加勢〟菅義偉官房長官に同趣旨の質問攻め会見時間の半分を浪費」（八月一〇日）、「【北ミサイル】『金正恩委員長の要求に応えろ』…⁉ 東京新聞記者が菅義偉官房長官にトンデモ質問」（八月三一日）と続く。この記事が産経朝刊に掲載された九月一日、官邸報道室の上村秀紀室長は、東京新聞政治部次長（官邸キャップ）に対して「未確定な事実や単なる推測に基づく質疑応答がなされ、国民に誤解を生じさせるような事態は、当室としては断じて許容できない。再発防止の徹底を強く要請する」と、望月記者を断罪する内容の文書を出した。

なぜそのような事態になったのか。発端は一週間ほどさかのぼる。加計学園の獣医学部新設をめぐり、文部科学省の「大学設置・学校法人審議会」は、八月二五日に認可の是非の判断を保留し、審査を続けると発表した。この審議会が正式公表する前となる二五日の午前の官房長官記者会見で、望月記者が「今回学校（加計学園）の認可の保留という結果が出た」と、質問の際にふれたことが問題だということなのだった。

文書は「未確定な事実や単なる推測に基づく質疑応答」としているが、「認可保留」という情報は、実はすでに八月九日の審議会（非公開）を受けて報道各社が一斉に報じていて、産経新聞も八月一一日朝刊で「加計獣医学部の判断保留　設置審文科相答申延期へ」と書いている。しかも、八月二五日の午後には正式発表を控えている情報であったが、これに対して文部科学省は「記者会見の場という公の場において言及されることは、当該質疑に基づく報道に至らなかったとはいえ、事前の報道と同一のものとみなし得る行為であり誠に遺憾」（三木忠一広報官）と、八月三一日付の東京新聞あての文書の中で不快感を露わにした。さらに、翌一日に同内容の文書を官邸報道室長名で重ねて出したのである。

情報の解禁を前にした報道には、これまでも口頭での注意があることはあったようだ。ところが、この件に関しては、東京新聞は報道もしていないのに、文書による抗議という過剰とも思える態度だったのだ。先にも書いたが、八月九日の審議会を受けて報道各社が報じたことに対しては、官邸や文部科学省は何のクレームもつけなかった。あえて言えば、望月記者のミスを虎視眈々と政府は待っていたのではと勘ぐりたくなるできごとだった。

産経ニュースは「首相官邸広報室《ママ》、東京新聞に注意　菅義偉官房長官会見での社会部記者の質問めぐり」の記事を九月一日に掲載した（新聞は二日朝刊）。

記者へのテロ予告にも批判なし

そして、こうした記事が出た後の九月四日午後九時ごろ、東京新聞の代表電話に、中年の男とみられる人物からの電話があった。「ネットニュースに出ている記者は、なぜ政府の言うことに従わないのか。殺してやる」——。そういう内容だったという（『日刊ゲンダイ』九月一三日）。

この殺害の予告電話については、菅官房長官の記者会見でも質問が出ている。質問をしたのはネットニュースサイト「ＩＷＪ」での情報発信をしている岩上安身氏だ。要約を紹介したい。

岩上　東京新聞本社にですね、電話で男性の声で「望月記者を殺害する」という殺害予告、テロ予告の電話が入っております。これは明白な脅迫であり、テロ予告であり、殺人予告であり、その内容には「官房長官の会見で」と言っていることとか、あるいは「政府から規制されているのに」とか、それに対して従わないということに対して、非常に不満をもっていて「殺してやる」とくりかえし言ったと。言論機関に対する脅迫、そして殺害予告と、かつての朝日新聞の阪神支局の襲撃事件を思わせるようなことなので、こういうことについて、官房長官として政府の姿勢として、こうしたことは断じてあってはならないというメッセージを国民に広く向かって発していただきたいと思うのですがいかがでしょうか。

菅　それは当然のことじゃないでしょうか。

岩上　当然というのは、どういうことでしょうか。

菅　そうしたことはあってはならない、わが国において。それは当然のことだと思いますよ。

岩上　官房長官のお言葉でお願いします。

菅　官房長官として、これはごく当然のことを、いまあってはならないことですから、それはもう申し上げました。そういうことがあったら、当然警察に届けるなり捜査する。これはそういうことだと思いますよ。

言論テロへの政府の姿勢を問う岩上氏の質問に対して、菅官房長官の言葉はなんとも頼りないように映る。

ところで、話は六月に戻るが、菅官房長官をめぐってはこんな記事が『週刊新潮』（六月二一日号）に掲載された。タイトルは「『女性記者』の身辺調査を指示した官邸の強権」。匿名の官邸関係者が語っている。

「菅さんが官邸スタッフに、警察組織を使って彼女の身辺調査をするよう命じました。というのも、以前から法務省関係者や警察官などに赤ワインを贈ることで食い込んでいるという噂があったので、そのネタ元をリストアップしろという指示です。さらに、取材用のハイヤーをプライベートで使っていたことはなかったかということまで調査対象になっている」

望月記者は『新聞記者』の中で、取材経費の使い過ぎを会社から注意されたことがあると明かしている。東京地検特捜部担当だった二〇〇四年にはじけた「日歯連事件」の取材で、ハイヤー代と関係者との会食代が突出していたという。前川喜平・前文部科学省事務次官が「出会い系バー」に出入りしたことを読売新聞が二〇一七年五月二二日朝刊で報じた後、公安警察出身の杉田和博官房副長官が、文部科学省に在職中の前川氏に厳重注意していたことを、菅官房長官も五月二六日の会見で認めた。『週刊新潮』が報じた六月一五日の時点で、官邸がすでにかなり深く東京新聞社内の情報を把握していた、ということになるのだろうか。はじめて質問した六月六日から一〇日も経っていない。

そもそも、真偽不明のネガティブな個人情報をあえて週刊誌などに流すことは、政権に不都合な人物に「圧力」を加える手口のひとつと言われている。望月記者はこの点について、「身辺を調査されたような形跡はありません。ただ、周りの人たちからは注意した方が良いと助言されます」と話していた。

望月記者の殺害を予告した人物が、産経新聞のニュースに触発されたのかどうかはわからない。しかし、報道に携わる同じ仲間が言論テロの脅威にさらされているのだ。深刻な事態になったなかで産経新聞はどのように報じたのか該当記事を探したが、見つけることができなかった。

こうした産経新聞の報道ぶりが、産経の新潟支局記者への取材拒否を引き起こすというできごともあった。二〇一七年九月に新潟市のホテルで望月記者が講演をすることになった。テーマは著書もある日本の武器輸出についてだった。産経記者がホテルの会場受付に行ったところ、主催者である新潟県平和運動センターの「産経がいると望月記者が話しづらい」との判断で、会場に入れなかったという（「『産経がいると話しづらい』『テロリストと同じ』記者はこうして東京新聞・望月記者の講演会取材を拒否された」産経ニュース一〇月六日）。引用した記事は三〇〇〇字にも及ぶ長文だ。筆者は太田泰記者。産経新聞の「望月記者報道」が、マスメディアの関係者以外へも影響を及ぼしている例だろう。

太田記者は記事の最後を「本紙に対し、主催者の新潟県平和運動センターが行った非常識な対応は、失望しか覚えない。機会があれば、大学や新聞記者の後輩、また、産経新聞の記者としても、望月記者の講演に対する取材機会を得たいと思う」と結んでいる。その後、太田記者はその機会を得られたのだろうか。もし得られたのなら、ぜひ記事で感想を報告してほしいと思う。

産経新聞社への質問書と回答

産経新聞に対して、望月衣塑子記者に関する一連の報道について文書で聞いてみた（二〇一七年一一月二四日）。質問は、

（一）他の新聞等マスメディアに比べると、望月記者を取り上げた記事が非常に目立ちますが、どのような点に報道する価値があると御社は考えているのかをお教え下さい。また、ウェブサイトには掲載されたものの、新聞紙面には掲載のない記事もあります。この扱いの違いについてもお教え下さい。

（二）九月八日の菅官房長官の記者会見で望月記者に対する脅迫電話についての質問が出ました。これに関する記事は見つけられませんでした。記事にしていなかったのであれば、報道の価値がなかった理由をお教え下さい。

（三）望月記者は、著書『新聞記者』（角川新書）で、七月一八日付「【安倍政権考】官房長官の記者会見が荒れている！　東京新聞社会部の記者が繰り出す野党議員のような質問で」を取り上げています。その中で

「いったいどこを向いて新聞記者という仕事をしているのか、と言いたい」と記事に対して反論しています。この反論に対する御社の考えをお教え下さい。――の三点だ。

産経新聞社広報部から、三日後の二七日に来た回答は次のようだった。

（一）（二）については「編集に関することにはお答えできません」。

（三）についても「お答えする考えはありません」。

事実上、ゼロ回答だった。広報部長は村雲克典氏だ。

私がかつて所属していた毎日新聞社が、外部からの取材に対してどのような対応をしていたのかは知らないが、マスメディアは総じて外部の取材にはきわめて閉鎖的であり、産経新聞の私に対するような回答は決してめずらしくない。他人の情報を入手するのには熱心だが、自らはまともに取材に応じる気のないという姿勢で、報道機関として読者の理解を得られると考えているのだろうか。

元朝日新聞・植村記者へのバッシング

話はそれるが、望月記者と同じように産経が底意地悪くその動向を報じる人物がいる。朝日新聞記者だった植村隆氏だ。現在は、韓国カトリック大学客員教授をしている。

植村氏は一九九一年八月に、韓国人の元慰安婦が被害を語り始めたという記事を、録音テープを元に書いた（大阪版）。のちに記者会見して実名で訴え出た金学順《キムハクスン》さんのことだ。紙幅の都合で詳細は省くが、産経は『女子挺身隊』の名で戦場に連行」などと実際の金氏の経験と異なる内容を書き「慰安婦問題に火を付けた」と、植村氏を個人攻撃する記事を何度も書いている。

産経の記事DBで「植村隆　朝日」と検索したところ六〇本がヒットした。読売は二二本、毎日は三三本である。ただし、産経と異なり両紙の記事の多くは、植村氏や家族、そして当時非常勤講師として勤務していた北星学園大学（札幌市）への脅迫や嫌がらせ、それをきっかけにした退職をめぐる記事だった。高校生だった植村氏の長女は、ツイッターに顔写真と中傷コメントを投稿され、「自殺に追い込むしかない」という書き込みまでされるなどの被害に遭っている。

植村氏がはじめて産経新聞の紙面に登場するのは、二〇一四年二月一日朝刊（読書面）に掲載された、月刊誌『Ｈａｎａｄａ』編集長の花田紀凱氏（当時は『Ｗｉｌｌ』編集長）のコラムの中でだ。『週刊文春』（二月六日号）が、神戸松蔭女子学院大学の教授に内定していた植村氏を「〝慰安婦捏造〟朝日記者がお嬢様大教授に」と取り上げた。同大には批判が殺到し、植村氏は同大での仕事が叶わないまま朝日を退社した。記事によって大きく人生が狂ったのである。朝日は二〇一四年八月に慰安婦報道に関する検証記事を掲載し、一部の記事について取り消したが、植村氏の記事については「意図的な事実のねじ曲げなどはない」とした。産経は朝日による検証をきっかけに、植村氏へのバッシングをさらに強める。「（植村氏は）当時は韓国で挺身隊と慰安婦が同一視されていたことを繰り返し主張し、『自分にも同様の認識があった』と述べたが、テープにない言葉を恣意的に付け加えたとの疑惑は拭えない」（阿比留瑠比編集委員、「元朝日記者・植村氏、被害強調……記事に反省なし」産経新聞二〇一五年一月一〇日朝刊）、「（植村氏の）誤報が事実関係を歪曲し、韓国側の反発をあおった」（久保田るり子氏、「朝鮮半島ウオッチ　朝日新聞『慰安婦報道』が触れなかったこと」『夕刊フジ』のインターネット版「ＺＡＫＺＡＫ」二〇一四年八月一〇日）――などと、ボルテージは上がるばかりだった。

ところが、傑作な事実が判明する。産経が植村氏を攻撃する内容と同じ趣旨の記事を、産経自身も掲載していたのだ。阿比留氏らから受けたインタビューの中で、植村氏がこのことを突きつけると、阿比留氏は知らなかったと言ったらしい（植村隆「『慰安婦』報道で完膚なきまでに打ちのめされた阿比留瑠比編集委員」『検証　産経新聞報道』金曜日）。朝日が検証記事を掲載した一年後に、産経は釈明する記事を掲載するが、検証と言える内容の記事ではなかった。

植村氏は産経の「強制連行報道」の背景を含めて六項目の質問書を出したが、その回答は「『お答えできません』」を繰り返す、ほとんど『ゼロ回答』に等しいものだった」（同）という。私の質問書とまったく同じ対応のようだが、産経は、植村氏が紙面で取材に応じないことを「逃げ回っている」と何度も書いているのだから、よっぽど悪質だ。

2　沖縄二紙に対するバッシングと誤報事件

米兵による事故の「美談」化

記者個人をねらい撃つようなネガティブキャンペーンを展開する産経は、同業の新聞社に対しても容赦がない。標的となっているのは、沖縄の県紙「琉球新報」と「沖縄タイムス」の二紙である。

二〇一七年一二月九日、産経ニュースは次のような長いタイトルで、三〇〇〇字にも及ぶ記事を掲載した。「【沖縄二紙が報じない】危険顧みず日本人救出し意識不明の米海兵隊員　元米軍属判決の陰で勇敢な行動スルー」――。書いたのは那覇支局長（当時）の高木圭一氏だ。この年の五月一日付で長野支局長から転じた。

新聞各紙によれば、沖縄県に駐留する海兵隊員（曹長）が重体となった事故は、一二月一日午前四時五〇分ごろ沖縄市の沖縄自動車道で起きたという。曹長運転の米軍車両を含む計六台が絡む多重事故で、曹長は路上にいたところを、別の海兵隊員が運転する乗用車にはねられた。高木氏は、発生当日はネットニュースや夕刊（大阪）、翌日の朝刊（東京）向けのニュースとして書かなかった。八日後になって記事にした内容は、「クラッシュした車から日本人を救助した在沖縄の米海兵隊曹長が不運にも後続車にはねられ、意識不明の重体となった」「危険を顧みずに貫いた隊員の勇敢な行動。県内外の心ある人々から称賛や早期回復を願う声がわき上がっている」

いわゆる「美談記事」だ。高木氏は記事の中で「ところが『米軍＝悪』なる思想に凝り固まる沖縄メディアは冷淡を決め込み、その真実に触れようとはしないようだ」「米軍の善行には知らぬ存ぜぬを決め込むのが、琉球新報、沖縄タイムスの二紙を筆頭とする沖縄メディアの習性である」「『報道しない自由』を盾にこれからも無視を続けるようなら、メディア、報道機関を名乗る資格はない。日本人として恥だ」――と、琉球新報と沖縄タイムスを非難した。

記事は産経ニュースのネット記事だけではなく、三日後には新聞記事にもなった。一二月一二日朝刊に「日本人救った米兵　沖縄二紙は黙殺　『真のヒーロー』回復へ祈り広がる」との三段見出しの記事として、曹長の顔写真と浦添市で開かれた「祈りの集い」のようすを写した二枚の写真付きで掲載された。

石井聡論説委員長は、二〇一八年一月一日の朝刊一面に書いた論説「年のはじめに　繁栄を守る道を自ら進もう」の中で、「勇敢な人物の存在を日本人の多くが知らない。それは寂しいではないか。心から謝意を表したい」とふれた。この米兵による救出のエピソードは、論説全体の分量の四分の一ほども占めていた。一月一〇日朝刊に掲載された、新聞各紙の元日付の社説を検証した特集でも取り上げられた。「このニュースは日本国内では一部でしか報じられず、勇敢な米兵の存在を日本人の多くが知らない」と自社の記事を高く評価している。産経ニュースの記事は、産経と提携する「八重山日報」（沖縄県石垣市）にも一二月一一日、転載された。同紙は、救助された日本人の男性が米兵に「感謝している」と語ったとする関係者のコメントも加えた。高木氏は、社内受けも良かったことに、さぞかしうれしく思ったことだろう。

産経は、琉球新報や沖縄タイムスをひとくくりに「沖縄二紙」として批判をくりかえしてきたが、今回の高木氏の記事も「沖縄二紙叩き」の流れの中にあったと考えられる。

誤報の発覚

これに対して、琉球新報が大きなスクープを放った。なんと、救助の事実を米軍も沖縄県警も確認していないというのだ。一月三〇日朝刊で「『米兵が救助』米軍否定　産経報道『沖縄二紙は黙殺』県警も『確認できず』」と報じた。琉球新報の取材に対して、米海兵隊は「（曹長は）救助行為はしていない」、県警も「救助の事実は確認されていない」と回答した、というのだ。高木氏は琉球新報の取材に「当時のしかるべき取材で得た情報に基づいて書いた」とコメントしているが、高木氏の記事を全面的に否定する内容だった。

琉球新報の沖田有吾記者は「続報を書かなかった最大の理由は、県警や米海兵隊から救助の事実確認ができなかったからだ。一方で救助していないという断定もできなかった」と、約一カ月半の間、沈黙を続けた理由を書いた。琉球新報には「なぜ救助を伝えないのか」という意見が多く寄せられたらしい。そして、「最初に米軍側が説明を誤った可能性を差し引いても、少なくとも県警に取材せずに書ける内容ではなかったと考える」と批判したのだった。

琉球新報の報道に各紙が続いた。

▽毎日新聞「『米兵美談』巡り主張対立　産経の報道を琉球新報否定」（一月三一日朝刊）

▽沖縄タイムス「『沖縄二紙は黙殺』と批判した産経報道　『米兵の日本人救助』米軍・県警は確認できず」（二月一日）

▽朝日新聞「『米兵が日本人救出』報道　産経　報じないのは『恥』批判　沖縄二紙反論『確認不十分』」（二月二日朝刊）

産経は各紙の取材に対して「継続して取材を進めており、必要と判断した場合は記事化します」とのコメントを出した。さすがに「編集に関することにはお答えできません」と門前払いすることはできなかったようだ。そして二月二日、曹長が救助したと報じられた日本人の男性自身が「米軍関係者に救助された記憶はない」とする談話を出す。産経の誤報（捏造？　虚報？）は確定的になった。

しかし、産経が記事の取り消しを公表したのは、六日後の二月八日朝刊だった。一面と三面で、それぞれ「沖縄米兵の救出報道　おわびと削除」「検証『日本人救った米兵　沖縄二紙は黙殺』報道」という見出しの記事を出したのだ。産経は「再取材の結果、日本人男性を直接救助した事実は確認されなかった」としていたが、残念ながら原因を究明するような検証記事とは言えなかった。

記事は「救助を伝える（曹長の）夫人のフェイスブックや米NBCテレビの報道を確認した上で米海兵隊に取材した。この際、沖縄県警には取材しなかった」とし、「別の運転手が助けを必要としているときに救った曹長の行動は、われわれ海兵隊の価値を体現したものだ」との回答を得た——という取材の経緯を明かしたにすぎなかった。

乾正人・執行役員東京本社編集局長は、「事実関係の確認作業が不十分であった。(沖縄二紙への)行き過ぎた表現があったにもかかわらず、十分なチェックを受けずに配信、掲載された」としているが、なぜ見過ごしてしまったのか、原因についての説明はしていない。

高木氏は、事故処理にあたった県警に取材することなく、米側の情報だけを元に報じていたわけだ。日本人を救助したために曹長が重体となったことは米メディアも放送しており、これが逆に確認取材を甘くしたのではないか。産経本社は、高木氏にきちんと聴取したのだろうか。検証というには、あまりにお粗末と言われてもやむをえないような内容だった。産経は高木氏を出勤停止(一カ月)、乾編集局長ら編集幹部七人を減給などの処分にした。産経が認めたことで、四紙以外のマスメディアが、産経の記事を引用する形でようやく一斉に報じた。

一方、琉球新報は、海兵隊内で当初あった情報の混乱を指摘している。海兵隊はツイッターで、日本人を救助した直後に曹長が車にひかれたと書き込んでいた。しかし、のちにこの部分を削除していることに着目し、理由を尋ねたところ「事故に関わった人から誤った情報が寄せられた結果(誤りが)起こった」と海兵隊は釈明したという。これは、高木氏や記事を掲載した産経が、琉球新報に指摘を受けるまでもなく、自らその誤りをただす機会がなかったわけではないことを示している。

琉球新報は産経の「言いがかり」の根拠を事実で突き崩したわけだが、これは、金学順さんが強制連行されたと書いたと決めつけて非難し続けてきた植村隆氏から、産経自身がそういう記事を書いていたことを突きつけられたことと重なる。黙っていればわからないだろうと産経が思っていたかどうかは知らないが、報道機関の態度としては、いかがなものか。

沖縄への敵意と排外意識を煽る見出し

「沖縄二紙が報じない」――。

これは、産経ニュース内にある特集記事コーナーの共通タイトルだ。辺野古新基地建設や、米軍基地問題をはじめ政府の安全保障政策に批判的な琉球新報と沖縄タイムスを挑発するようなタイトルと内容の記事が特色だ。

「元米軍属判決の陰で勇敢な行動スルー」の記事には多くの反響があったようだ。二〇一八年一月二日に産経ニュースがアップした、「二〇一七年、フェイスブックで拡散された回数が多い記事ランキング」では、同記事は五位にランクインしていた。このコーナーには、他に五本ほどの記事が掲載されており、いずれも那覇支局長の高木圭一氏の署名がある。

▽「オール沖縄」の牙城に風穴開けた沖縄県外出身・元自衛官　那覇市議選
▽辺野古基金への寄付、給与天引き　「オール沖縄」中核企業が労基法違反の疑い
▽中国の琉球統治に証拠なし　それでも中国の片棒担ぐ翁長雄志知事&琉球新報&沖縄タイムスの愚
▽沖タイ、新報が我那覇真子さん番組を「差別的放送」と〝攻撃〟「左翼紙に屈しない」
▽「差別発言だ」と沖タイ記者が詰め寄り、場外戦に…百田尚樹氏の沖縄講演傍聴記

いずれも三〇〇〇字前後の長文記事だ。高木氏の沖縄での仕事ぶりが浮かんでくる。

琉球新報と沖縄タイムスを「沖縄二紙」とひとくくりにして非難する記事の掲載を、産経が始めたのはいつごろからなのか。産経記事DBでの検索結果は二〇件だった。初出は一九九七年四月一〇日。新進党の西村真悟氏の国会での発言につけた見出しにあった。二〇件のうち一八件は、NHK経営委員を退任したばか

りの作家の百田尚樹氏が自民党の議員勉強会で発言した「沖縄二紙を潰さねば」（二〇一五年六月二六日）以降に集中している。主な記事の見出しを紹介すると、

▽沖縄二紙は権威そのもの　八重山日報・仲新城誠編集長インタビュー（二〇一五年一二月一九日）

▽「沖縄二紙の報道に偏り」県と知事提訴の原告団が都内で会見（同月二二日）

▽沖縄二紙と共産「結束」赤旗に編集局長インタビュー（二〇一七年八月二〇日）――などだ。

朝日が二〇一七年一一月三日朝刊に、ネットの産経ニュースに掲載された朝刊一面コラム「産経抄」（二〇一七年一一月一九日付）に付けられた「日本を貶める日本人をあぶりだせ」の見出しを取り上げた「『排他的』見出しに批判続々」という記事を掲載した。新聞紙面の「産経抄」に見出しはないが、ネット上の記事につけられた見出しが大きな話題となったらしい。件のコラムは、「国境なき記者団」が発表する報道の自由度ランキングで日本が低位にあったり、「日本軍『慰安婦』の声」が国連教育科学文化機関（ユネスコ）の世界記憶遺産に登録される可能性を批判し、その原因は、日本の評判をあえて下げようとする日本人の存在にあると指摘した内容だ。本文にはない「あぶりだせ」という表現が見出しについた。これまで見てきたように、産経ニュースの見出しは、新聞紙面に載った記事に比べて、編集者の品格を疑うような、悪意のこもった表現が使われる傾向がある。新聞用ではなくネット用に書かれた記事になると、見出しだけでなく本文もさらに悪意が強まる。

産経新聞はつい最近まで、紙面イメージを含めて、惜しげもなく無料でのニュース記事配信に力を入れてきた。アクセス数を稼いで、広告による収益をあげる方針を基本にしてきたといわれる。とりわけ、二一世紀になって台頭したネット右翼と呼ばれるユーザー層からは大きな支持があるようで、ネット上では新聞の

発行部数以上の存在感を示している。

そういう産経の営業戦略の中で、ウェブ編集にかかわる記者たちが経営陣の意向を忖度して取材し、報じることに駆り立てられているのか、それとも自らの信念に基づいて、すすんでのことなのか。その心の内はわからない。ただ、このように個人や他紙をねらい撃ちしたネガティブキャンペーンが、ネット時代の新聞の新しいあり方とはとうてい思えない。

元「慰安婦」の証言や記録の収集・公開に取り組むアクティブ・ミュージアム「女たちの戦争と平和資料館」（wam）に、爆破を予告する葉書が届いたのは二〇一六年一〇月だった。「日本軍『慰安婦』の声」の世界記憶遺産への登録申請の中心にいた同団体に対する批判記事を、産経ニュースなどがくりかえし掲載しているさなかであった。産経抄が「あぶりだせ」と煽動した団体にあたるのかもしれない。元NHKディレクターの池田恵理子・名誉館長は言う。

「産経新聞のような大新聞が攻撃しているのだから、wamを叩いても構わないのだと、お墨付きを得たように思ってしまう人が多い。これは怖いことだ。そういう影響力があることを自覚してほしい」

望月衣塑子氏や植村隆氏とその家族や勤務先、そしてwamに対する脅迫が、産経の記事がきっかけになっていると立証することは難しい。しかし、だ。新聞の批判の矛先になった人がテロや暴力の恐怖にさらされているときには、批判するのと同じかそれ以上の力で守りきるキャンペーンを張るのが新聞の責務だと思う。

第5章　「歴史戦」がもたらしたものとその結末

北野隆一
朝日新聞編集委員

慰安婦問題に関する朝日新聞の誤報で「日本人の名誉が傷つけられた」などとして、朝日新聞社を相手取り集団訴訟を起こしたグループは三つあった。二〇一五年一月から二月にかけて相次いで提訴され、地方裁判所や高等裁判所の判決が計七回、最高裁判所の決定が一回出されたが、いずれも原告側の請求を退ける判断が確定し、二〇一八年二月までに一連の訴訟は終わった。

提訴されたきっかけのひとつは、二〇一四年八月五、六日に、朝日新聞がこれまでの慰安婦報道を検証した特集記事を掲載したことだ。戦時中に「山口県労務報国会下関支部動員部長」だったと自称する吉田清治氏が「朝鮮の済州島で若い朝鮮人女性を狩り出した」と述べた証言（「吉田証言」）を「虚偽」と判断し、記事を取り消すとの内容。反省はしたが「謝罪」がないとして、朝日新聞に対する強い非難が集中した。

東京電力福島第一原子力発電所の所長だった吉田昌郎氏が政府の聴取に応じ、原発事故について語った「吉田調書」をめぐる報道への批判とあわせて、当時の木村伊量《ただかず》・朝日新聞社長が九月一一日に謝罪の記者会見を開き、のちに辞任。朝日新聞社は元判事や元外交官、研究者らによる「第三者委員会」に朝日の慰安婦報道についての検証を委嘱し、報告書が一二月二二日に発表された。

筆者は二〇一四年春から朝日新聞社内の慰安婦問題取材班に加わり、八月の特集記事の取材・出稿にかかわった。朝日新聞社を相手取り起こされた訴訟の口頭弁論や原告側集会にも、可能な限り足を運び、発言を記録してきた。訴訟が終結したのを機に、これまでにどんな主張がされ、裁判所がどのような判断を下したのかをまとめてみたい。

1 産経「歴史戦」連載

「慰安婦問題」は、戦時中に日本軍が女性を「慰安婦」として将兵の性の相手をさせた問題であり、一九九〇年代以降に元慰安婦の女性らが相次いで名乗り出て、日本に謝罪や補償を求めてきた戦後補償や、戦時の性暴力に対する女性の人権の問題である。ところが日本国内では、「強制連行」をはじめとする政府や軍の責任の有無をめぐる論争など、政治外交上の「歴史認識」をめぐる問題としての側面が強調されてきた。

慰安婦問題に対する「歴史認識」をめぐる論争は九〇年代から何度かピークがあったが、とくに二〇一二年一二月に第二次安倍政権が発足して以来、報じられる頻度が増えた。

二〇一三年五月には橋下徹大阪市長（当時）が、「慰安婦制度は必要なのは誰だってわかる」などと発言して批判された。同年七月、米カリフォルニア州グレンデール市に慰安婦を象徴する少女像が設置されると、反対する在米日本人らが翌二〇一四年二月「歴史の真実を求める世界連合会」（ＧＡＨＴ）を設立。グレンデール市を相手取り、少女像撤去を求める裁判を米国の裁判所で起こした。

四月からは産経新聞が「歴史戦」と題する連載企画を始め、一〇月には『歴史戦　朝日新聞が世界にまいた「慰安婦」の嘘を討つ』（産経新聞出版）の題で出版された。サブタイトルが示す通り、報道の主眼は、朝日新聞の慰安婦報道への批判だった。

朝日新聞が自社の慰安婦報道をめぐる検証特集記事を掲載したのは、そのさなかの二〇一四年八月。「第三者委員会」が一二月に公表した報告書によると、第二次安倍政権による河野談話の見直しの動きが予想されるなか、朝日新聞の過去の報道姿勢が問われることになるとの危機感が社内で高まり、三月に検証チームが発足した。筆者もこのチームに参加した。

産経新聞が「歴史戦」企画で示した批判記事には、以下のような記述がある。その後、朝日新聞社に対する集団訴訟でも、記事と同様の主張が展開された。

〈朝日新聞が少なくとも一六回、吉田清治を記事で取り上げたこともあり、朝鮮半島で女性を強制連行したとする吉田の嘘は、海外にも拡散していった〉（書籍版『歴史戦』三七ページ）

〈慰安婦への国家補償などを勧告した九六年四月の国連人権委員会のクマラスワミ報告書は、吉田の著作から「千人もの女性を『慰安婦』として連行した奴隷狩りに加わっていた」との内容を引き、慰安婦を「性奴隷」だと認定した〉（同三八ページ）

〈二〇〇七年七月、米下院本会議は慰安婦問題での対日非難決議を採択した〉〈決議内容には吉田証言が反映したとされる〉（同三八ページ）

〈吉田の「強制連行」証言には一九九二年四月の段階で重大な疑義が生じていた。その時点で朝日新聞が記事の誤りを認めていれば、事実誤認に基づく対日批判がこれほどまでに広がることはなかっただろう〉

（同三九ページ）

二〇一五年一〇月一日には、ＧＡＨＴが主催し「海外では慰安婦問題は、解決していない」と題するシンポジウムが開催された。後援する産経新聞社からは、「歴史戦」取材班主力メンバーの阿比留瑠比・産経新聞論説委員兼政治部編集委員も登壇し、政府・外務省の姿勢についてこう述べた。

「外務省が無力なのは、外交官の中に歴史問題を正しく反論できる知識と能力、意思を持った人の数が限られている。これを少しずつ変えなければならない。時間がかかるがけっこう簡単なこと。保守派の政権が何年も続けば、中央省庁の官僚は計算高いから、保守派でなければ偉くなれないとなって、みなそっちへ行く。安倍政権の間は左翼リベラル系は局長以上になれないというのが明々白々であります。このやり方が、迂遠ではあるけれども有効性がある」

2　「朝日新聞を糺《ただ》す国民会議」の訴訟

産経新聞の論調と同様の考え方に立ち、朝日新聞の法的責任を問う集団訴訟が相次いだ。二〇一四年一〇月二五日には東京で「『朝日新聞を糺す国民会議』結成国民大集会」が開かれ、主催者発表で一二〇〇人が参加。インターネットテレビ局「日本文化チャンネル桜」の水島総社長が事務局長を務める「朝日新聞を糺す国民会議」が呼びかけ、翌二〇一五年一月二六日、第一の集団訴訟が東京地裁に提訴された。朝日新聞社を相手取り、ひとり一万円の慰謝料や謝罪広告を求めた。原告側は訴状で「朝日新聞の一連の虚報により日本国及び日本国民の国際的評価は著しく低下し、国民的人格権・名誉権は著しく毀損せしめられた」と主張した。

原告は渡部昇一・上智大学名誉教授（のちに死去）や小堀桂一郎・東京大学名誉教授、西尾幹二・電気通信大学名誉教授、藤岡信勝・拓殖大学客員教授、作曲家すぎやまこういち氏ら。現職や元職の国会議員の長尾敬、杉田水脈《みお》、中山成彬《なりあき》各氏も含め、一審原告は計二万五七二二人になった。原告弁護団長は「新しい歴史教科書をつくる会」会長の高池勝彦弁護士が務めた。

提訴後の二月二三日、東京・有楽町の外国特派員協会で、原告である水島氏と、外交評論家の加瀬英明氏が記者会見した。加瀬氏は提訴の目的について「慰安婦報道もそうですが、集団訴訟をおこなうことによって朝日新聞はこういった報道をおこなうときには、これから注意するだろう。非常に臆病になるだろう。教訓を与えるためにも集団訴訟が成功することを願ってその一員になっています」と述べた。

第一回口頭弁論は二〇一五年一〇月一四日に開かれた。原告のひとりとして法廷で意見陳述した英語学者の山岸勝栄・明海大学名誉教授は、弁論後の報告集会でこう述べた。

「私は若かったので朝日新聞の記事をまともに受け、南京大虐殺はあったという前提で教えました。でも最後の三、四年は、『チャンネル桜』のおかげで覚醒させていただいた。チャンネル桜がなかったら、私はこのまま嘘をつき続けた人生を送ったろう。これは懺悔《ざんげ》です。これでなんらかの形で気が楽になって、生きている限りは行脚を続け、学生数万人にお詫びをしたい。私の余生をお導きいただいて、罪科を軽くしていただければ幸いです」

一二月一七日の第二回口頭弁論で原告側は、オーストラリア在住日本人らが意見陳述した。原告側は「朝日新聞の英語版記事についての立証や、海外の日本人が受けた嫌がらせ」などについて立証活動を続ける意欲を示した。しかし二〇一六年三月一七日の第三回口頭弁論で、東京地裁の脇博人裁判長は弁論終結を宣言。高池弁護団長は裁判官忌避を申し立て、尾崎幸廣弁護士は「進行協議や次回口頭弁論の期日も決めたじゃないですか」と詰問した。これに対し脇裁判長は「それも検討して、結果を申し上げた。それでは終結しますね」と言って結審を告げ、法廷を後にした。傍聴席はどよめき、「逃げるな」「司法は死んだ」「左寄りが蔓延している」などとヤジが飛んだ。

結審後の集会でも不満の声が噴出した。荒木田修弁護士は「私どもは朝日新聞の悪行を余さず立証しようと思った。裁判所は朝日新聞に対する二万五〇〇〇人の怒りのマグマを理解していない。これじゃ収まらないでしょう。こういう集団訴訟では言うだけ言わせ、立証させてきたはずなんですよ」と怒った。さらに「左翼が騒いで靖国裁判みたいなのを起こすと、結論が決まっているのに、原告らの主張立証を延々とやらせている。われわれが言う『国民的人格権』が雲をつかむ話だとしても、なぜわれわれにはやらせないのか」とも述べた。

原告側の忌避申し立てや弁論再開申し立てはいずれも却下され、判決は二〇一六年七月二八日に言い渡された。脇裁判長は原告らの請求を棄却。「報道・論評の客体は当時の旧日本軍、大日本帝国や日本政府。原告ら特定の個々人が対象ではない」と判示した。原告らの「国民的人格権や名誉権を侵害された」との主張について、判決は「旧日本軍の行為について誤った報道がされ、大日本帝国や日本政府への批判的評価が生じても、個々人の人格権侵害と解するには飛躍がある」と否定した。

さらに、朝日新聞が「真実を報道する義務に違反した」「訂正義務を怠り国民の知る権利を侵害した」との主張について、判決は「報道機関に対して真実を報道する作為を求める権利を有するとか、報道機関が誤った情報を訂正して真実を知らせる義務を負っていると解することはできない」と退けた。

判決言い渡しの間、法廷では傍聴人らから「ナンセンス」「不当判決」「税金泥棒」「売国奴」などとヤジが飛んだ。判決後の集会で、高池弁護団長は控訴の意向を示した上で、控訴人を絞り込むと述べた。

「二万五〇〇〇人も控訴するわけにはいかない。訴額によって印紙代がかかる。控訴するとその倍になり、全員控訴すると二〇〇〇万円ぐらいかかる」。原告の委任状集めについても「ひとり一枚でも、二万五〇〇〇人の委任状を集めるとミカン箱三〇箱くらいになる。それを集めるのは不可能という事情もあります」と説明。五七人が控訴。一審段階から筆頭原告だった渡部昇一氏が二〇一七年四月に亡くなり、判決時の控訴人は五六人となった。

「国民会議」は、法廷の期日があるたび街宣車を東京地裁・高裁の門前に止め、街宣活動やビラ配りをおこなってきた。控訴審の第一回口頭弁論が二〇一七年二月二一日に東京高裁であった際は、水島総事務局長がこう演説した。「日本が大嫌いな、日の丸と君が代が大嫌いな朝日新聞を倒そう。この新聞はきれいさっぱり日本から消えてもらわなければならない」

筆者は法廷や集会に毎回のように足を運んできたため、原告や支援者に顔を覚えられるようになる。六月二日の控訴審第二回口頭弁論後の原告側報告会では、参加者が手を挙げ「この中にひとり、朝日新聞の記者さんがおられます。北野さんという記者です」と名指しした。司会の水島氏に「朝日新聞の方がいらっしゃって、ジャーナリストとしての良心とかいうのがあれば、自ら事実を言っていただければと思います」と促され、筆者は「毎回、取材させていただき、勉強になっています」と答えた。水島氏は「これからどういう記事が書かれていくか、私たちも注目していきたいと思います。いつでもわれわれは歓迎ですから。北野さん、次もいらっしゃってください」と話した。発言場面は撮影され、筆者の名前の字幕入りの動画が原告側サイトに掲載された。

控訴審の弁論は三回で結審。九月二九日、東京高裁の村田渉裁判長は控訴を棄却する判決を言い渡した。朝日の記事について「旧日本軍の行為や政府の対応を指摘する内容。原告を対象とした記事とはいえず、原告の名誉を侵害したとはいえない」と判示した。判決後の報告会で高池弁護団長は「判決の中身は何のリップサービスもない。一審と同じで新味がない」と不満を述べた。

原告側は上告せず、判決は一〇月に確定した。

裁判を呼びかけた「国民会議」の関係者は、朝日新聞東京本社や大阪本社前で、毎週のように街宣活動やビラ配りをおこなってきた。原告側敗訴が確定して裁判が終わった後もなお続いている。「読まない！　朝日新聞　買わない！」などと書かれたウインドブレーカーを着た数人の参加者が、『「従軍慰安婦」は朝日新聞の捏造だ！」などと書かれたビラを配る。演説する人がいないときは、女性が歌う替え歌の録音をくりかえし流している。ひとつは「リンゴの唄」のメロディで、一番はおおむねこんな内容。四番まである。

「赤い朝日の慰安婦報道／捏造バレたら知らんふり／朝日は何にも云わないけれど／お前の本性もうバレた／朝日反日売国朝日」

もう一曲は「リンゴのひとりごと」の旋律で、一番はこう歌う。こちらは六番まである。

「私は真っ赤な朝日です／本当は隠れたコミュニスト／慰安婦報道捏造し／さんざん煽ってみたものの／大嘘ばれたら知らんぷり／せこいせこいせこいせこい　せこい朝日は恥知らず」

3 「朝日新聞を正す会」の訴訟

第二の集団訴訟は二〇一五年二月九日、「朝日新聞を正す会」の呼びかけで東京地裁に提訴された。朝日新聞の購読者を含むという、東京都や山梨県などの四八二人がひとり一万円の損害賠償を求め、「吉田証言の信憑性に疑義が生じたのに、報道内容の正確性を検証する責務を尽くさず、原告ら購読者や国民の『知る権利』が侵害された」と訴えた。

五月一五日に開かれた第一回口頭弁論の際、原告側は支援者や記者ら十数人を対象に説明会を開いた。「正す会」事務局長のジャーナリストという佐藤昇氏は「日本の名誉を毀損しつつある朝日新聞への闘いが始まった。慰安婦像が建ち続け、捏造による日本の尊厳が損なわれていることを防ぐ訴訟」と位置づけた。

原告代理人の米山健也弁護士は「報道の自由は新聞社の権利ではなく、国民の知る権利に奉仕するもの。強制連行の根拠に疑義が生じたら、それまでと同程度の量で報道する義務があった。報道しなかったことで、購読者や国民の権利が侵害された、という訴訟です」と説明した。自身の経験にふれ「祖父は軍人だった。原体験として『韓国で自分の親や祖父が悪いことをした』と刷り込まれていた。大人になって『実は違うんだ』と知った。刷り込まれたのは、ひとつは朝日の報道。正しい情報を知って、早い時期に『なかった』と報道していただければ、変な原体験を持つことはなかった」と述べた。

このグループはその後、事前に告知して支援者を集めて集会を開くようなことはなかった。佐藤氏は口頭弁論にも出廷しなくなり、米山弁護士も甲府地裁での判決言い渡し時には来なかった。

東京地裁の口頭弁論は二回で結審。北沢純一裁判長は二〇一六年九月一六日の判決で請求を棄却した。「我が国には多数の報道機関が存在し、様々な情報を様々な手段で入手可能。いかなる情報を信頼するかは受け手側の自律的判断」と述べ、「記事は特定の人の名誉やプライバシーを侵害していない」として訴えを退けた。

二三八人が控訴したが、東京高裁の野山宏裁判長は二〇一七年三月一日の判決で控訴を棄却。「記事への疑義を速やかに検証し報道することは、報道機関の倫理規範となり得るが、これを怠ると読者や一般国民に対して違法行為になるというには無理がある」と判示した。二八人が上告したが、最高裁は二〇一七年一〇月二四日に上告を退け、判決が確定した。

「正す会」は東京地裁の判決が出る直前の二〇一六年八月一九日、一五〇人を集めて甲府地裁にも提訴した。訴状の内容は東京の訴訟とほぼ同じ。提訴後、山梨県庁で記者会見した佐藤昇氏は、なぜほぼ同内容で甲府地裁にも提訴したのか聞かれ、こう答えた。

「東京地裁では、あまりこういう国民の知る権利なり、そういうのって、公平な判決が出づらい状況にあるのかなと思った。甲府は公平な感じを受けたので」

佐藤氏は「国民会議」による第一の訴訟で東京地裁が二〇一六年七月に原告の請求を棄却した判決にもふれ、「あれはけっこう完敗ですから。やっぱり国民の知る権利は重要だと思って、火を消さないように、（東京の）判決が出る前に（甲府に）出しました」と述べた。

甲府地裁の訴訟は口頭弁論二回で結審。峯俊之裁判長は、二〇一七年一一月七日の判決で請求を棄却した。「新聞社には表現の自由が保障され、報道内容は新聞社の自律的判断に委ねられている。記事内容に疑義が生じたことを報道することは読者や一般国民への法的義務とはいえず、報道されないことで法律上の利益が侵害されたとは言えない」と判示した。控訴はなく、一審判決が確定。「正す会」の裁判も終結した。

4「朝日・グレンデール訴訟」

第三の訴訟は二〇一五年二月一八日に提訴。米国や日本など国内外在住の二五五七人が原告となった。

訴状で原告らは「朝日新聞の誤報により誤った事実と見解が世界に広まり、国連における勧告や米下院決議、慰安婦の碑・像となって定着し、多くの日本人・日系人が名誉信用の法益侵害を蒙《こうむ》った」と主張。米カリフォルニア州グレンデール市近郊在住の作家・馬場信浩氏ら在米日本人の原告が、市内の公園に慰安婦像が建立される際に反対したところ、市議に面罵されたなどと訴えた。「朝日・グレンデール訴訟」と称した。

提訴翌日の二月一九日には、中西輝政・京大名誉教授が委員長を務める「朝日新聞『慰安婦報道』に対する独立検証委員会」が、朝日の慰安婦報道を独自に検証する報告書を発表。拉致被害者支援団体「北朝鮮に拉致された日本人を救出するための全国協議会」（救う会）会長の西岡力・東京基督教大教授（当時。その後麗沢大客員教授に）や、日本会議政策委員の高橋史朗・明星大教授（その後、特別教授に）が委員として執筆した。

報告書は、朝日新聞が一九九一年から九二年にかけて掲載した慰安婦問題についての報道を「九二年一月強制連行プロパガンダ」と名づけ、「数々の虚偽報道を行い、結果として『日本軍が女子挺身隊の名で朝鮮人女性を慰安婦にするために強制連行した』という事実無根のプロパガンダを内外に拡散させた」と主張。原告らはこの報告書を準備書面に引用して法廷に提出。朝日新聞の慰安婦報道が国際的に影響を及ぼしたと主張した。

原告支援団体「朝日・グレンデール訴訟を支援する会」代表には日本会議政策委員の百地章・日本大教授（その後、国士舘大特任教授に）が就き、日本会議の椛島《かばしま》有三事務総長や百地氏、高橋氏らが毎回のように法廷へ傍聴に訪れた。

第一回口頭弁論は二〇一五年九月三日にあり、徳永信一・原告弁護団長はこう主張した。「朝日新聞の誤報は嘘の種となり、せっせと世界中に撒き散らされ、国連文書に反映されるまでになっていた。気がつけば、日本軍が二〇万人以上の朝鮮人女性を強制連行して性奴隷としてきたという嘘が、いつのまにか国際常識として定着していた」。また弁論後の記者会見では、九六年の「国連クマラスワミ報告」と二〇〇七年の米下院決議にふれ、「朝日の記事、吉田清治の証言、挺身隊と慰安婦の混同とどう関係があるかについて立証する。クマラスワミ報告を基本とした下院決議も朝日の誤報に基づくものだ」と立証方針を述べた。

二〇一六年二月一六日、国連女子差別撤廃委員会で外務省の杉山晋輔・外務審議官（当時。のちに外務事務次官を経て駐米大使）はこう発言した。「『慰安婦が強制連行された』という見方が広く流布された原因は吉田清治氏が『日本軍の命令で、韓国の済州島において、大勢の女性狩りをした』という虚偽の事実を捏造して発表したためである。本の内容は朝日新聞により、事実であるかのように大きく報道され、日本、韓国の世論のみならず、国際社会にも、大きな影響を与えた」。この発言について朝日新聞社は二月一八日、「根拠を示さない発言」だとして「遺憾」との内容を文書で外務省に申し入れた。

原告側はさっそく反応し、杉山氏の発言を引用した準備書面を三月一五日の第三回口頭弁論に提出した。弁論後の集会で徳永弁護士が「当然のことを言っただけですが、よくぞ外務省がここまで言ってくれたと喝采したくなる」と高く評価した。

この集会では「オーストラリア・ジャパン・コミュニティー・ネットワーク」（ＡＪＣＮ）代表の山岡鉄秀氏が発言した。

朝日新聞に対する集団訴訟のうち、「朝日新聞を糺す国民会議」による第一の訴訟と、「朝日・グレンデール訴訟」と称される第三の訴訟は、徳永弁護士によると「当初は一緒にやっていたが、裁判の方針をめぐって意見が分かれ、別々に提訴した」という。しかしオーストラリアなど外国生活が長いという山岡氏は、第一と第三の両訴訟で法廷や集会に参加して積極的に発言し、右派・保守系の論壇誌にも寄稿するようになっていく。

山岡氏は集会で「朝日の英語版だけにかならず使われる同一のフレーズがある。慰安婦という語を関係代名詞で受けて『forced to provide sex』という、『セックスの供与を強制された』、『強制的に性行為をさせられた』というお決まりのフレーズ。もちろん日本語（の記事）にはありません」と指摘。「朝日は『性奴隷』という言葉の使用は避けながら、『慰安婦は強制連行された性奴隷だ』と読める印象操作を英語でおこなっている」と主張した。

この主張は第三訴訟では地裁段階、第一訴訟でも高裁段階で、原告側書面に引用された。これに対して被告・朝日新聞社側は、国民の寄付と政府の拠出で設立された「女性のためのアジア平和国民基金」（アジア女性基金）の英文サイトにも、慰安婦についての説明の冒頭に「forced to provide sexual services」という同様の一節が使われていることを紹介した上で「この表記は適切である」と反論した。

二〇一六年五月一九日の第四回口頭弁論から、原告側は法廷でプレゼンテーションソフトを使い、主張のポイントを映写しながら説明する方法をとるようになった。弁論後の集会は、東京地裁に近い虎ノ門の貸会議室で開かれた。筆者も参加しようと入り口で名刺を出したが、「取材は事前登録制となったので、登録がない人は受け付けできない」と言われ、参加を拒まれた。

筆者は集会後、徳永弁護団長に申し入れた結果、七月一四日の第五回口頭弁論後の集会には参加できるようになった。八月一五日に靖国神社参道で「日本会議」と「英霊にこたえる会」が開いた「戦歿者追悼中央国民集会」では徳永弁護士が挨拶に立ち、「朝日・グレンデール訴訟」の意義についてこう語った。

「二年前の八月五日、朝日新聞が最初の報道から三〇年たって、慰安婦の報道に間違いがあったと認めました。国内においては、慰安婦問題をめぐる歴史戦は決着がついたと言っていい。裁判は、仕上げとして、けじめとして朝日新聞に責任を問う訴訟。日本人の名誉だけでなく、裁判で勝ちきるには個別の損害が必要であろうということで、偏見による風評によって、海外の日本人が被っている個別の損害、被害。そういったものを取り上げた裁判になっています」

一一月二四日の第八回口頭弁論で東京地裁は、原告側から出されていた四人の尋問申請をいずれも却下した。原告側は在米日本人原告二人と、証人として独立検証委員会メンバーで「救う会」副会長の島田洋一・福井県立大教授と、米国人ジャーナリストのマイケル・ヨン氏の二人を申請していた。佐久間健吉裁判長は「申請については必要を認めない」と却下を告げ、原告、被告の双方に「次回は最終弁論をいただければ。集中的にまとめてビビッドな主張を。ここがポイントだと絞っていただきたい」と求めた。

筆者は九月の第六回弁論や、一〇月の第七回弁論の際は、弁論後の原告側集会に参加できた。しかし第八回弁論後の集会では、参加できるのは「原告のみです」と受付で言われ、ふたたび取材を拒否された。

一二月二二日の第九回口頭弁論は原告、被告双方の最終弁論がおこなわれて結審した。弁論後の集会は開かれず、代わりに年明けの二〇一七年一月一四日に「〃歴史戦〃の最前線〜朝日新聞は世界に拡散した『慰安婦』の嘘をただせ!」と題する集会が催された。集会で、徳永弁護士は裁判のポイントについて「クマラスワミ報告と米下院決議は、朝日新聞の虚偽報道によっていること。韓国世論の沸騰は朝日新聞が火をつけたんだということ。この三点が主たる争点」と位置づけた。

第一の訴訟の原告でもある杉田水脈・元衆院議員(当時。その後二〇一七年一〇月の衆院選で当選し現職)は訴訟や運動のねらいについてこう述べた。「朝日新聞を崩せば外務省も崩れるんです。外務省も、公務員は前例踏襲ですから、前の人のやったことを覆せない。先輩がやったことを覆す口実を与えるのが、朝日新聞を崩すことなんです。反日左翼も崩れていきますから、そして最後は河野談話を見直しさせる。誤解が広まっているのは日本ではなく米国や豪州、アジアであり世界なんです。朝日新聞に英語で訂正記事を載せさせ、自分たちの罪を償ってもらう。そして外務省のホームページの書き換えまでやってもらう」

二〇一七年四月二七日の判決で佐久間裁判長は、原告らの請求を棄却した。地裁は「記事が国際社会における慰安婦問題の認識や見解に何らの事実上の影響をも与えなかったということはできない」としつつ「国際社会も多元的で、慰安婦問題の認識や見解は多様に存在する。いかなる要因がどの程度に影響をおよぼしたかの具体的特定は極めて困難」と判示。「在米の原告が慰安婦像設置の際に受けた嫌がらせなどの具体的損害についての責任が記事掲載の結果とは評価できない」と原告らの主張を退けた。

原告らは、九六年の国連クマラスワミ報告や二〇〇七年の米下院決議などにも朝日新聞による吉田証言などの報道が影響した、とも主張した。これに対し判決は「クマラスワミ報告における慰安婦の強制連行にかかる記述は吉田証言が唯一の証拠ではなく、元慰安婦からの聞き取り調査もその根拠。クマラスワミ氏自身、『朝日新聞が吉田証言記事を取り消したとしても報告を修正する必要はない』との考えを示している」「米下院決議の説明資料には吉田氏の著書は用いられていない」と述べた。

原告らは、朝日の慰安婦報道の影響で慰安婦の「強制連行」説や二〇万人いたとする説、性奴隷説や挺身隊との混同が韓国に広まった――とも主張。これに対し、判決は「韓国において『慰安婦の強制連行』は一九四六年から報じられていた。四五年から六〇年代前半まで『挺身隊の名のもとに連行されて慰安婦にされた』と報道されていた」と判示。朝日が報じる前から、韓国社会に慰安婦問題についての報道があったことを認定した。

判決後の記者会見で徳永弁護士は「朝日の報道の影響がないとはいえない、とは言ってくれたが、具体的な損害との法的因果関係は認められず、私たちの請求は棄却された。朝日の報道に責任があると踏み込んでいただけなかった。控訴審ではより細密に立証し、逆転する可能性が読み取れた」と語った。

六二人が控訴。控訴審第一回口頭弁論は二〇一七年一〇月二六日に東京高裁であり、一回で結審した。阿部潤裁判長は、原告側が申請していた証人と原告の計四人の尋問申請をいずれも却下した。証人申請された三人は、地裁段階でも申請されたマイケル・ヨン氏に加え、西岡力氏と元自衛官の奥茂治氏。奥氏は、吉田清治氏の長男の依頼で、吉田氏が八〇年代に韓国の国立墓地「望郷の丘」に設置した強制連行の謝罪碑の上に「慰霊碑」と書かれた石板を貼った。これが書き換えにあたるとして二〇一七年に韓国当局から公用物件損傷などの罪で起訴され、二〇一八年一月に執行猶予付き有罪判決を受けている。

第三の訴訟の控訴審判決は二〇一八年二月八日に言い渡され、阿部裁判長は原告側の控訴を棄却した。吉田証言について「国際世論にどう影響を及ぼしたかについては原告らと異なる見方がある」と述べて地裁判決を支持し、「記事が二〇万人・強制連行・性奴隷説の風聞形成に主要な役割を果たしたと認めるには十分ではない」と認定。「記事と原告らの被害との間の相当因果関係を認めることはできない」として、原告側の主張を退けた。

朝日の英文記事が「強制連行・性奴隷説を想起させる英文表現『forced to provide sex』などを用いて強制連行・性奴隷説の流布を助長している」と原告側が主張したのに対し、高裁判決は「そもそも本件各記事の掲載が原告らに対する名誉毀損の不法行為にならないことはこれまでに説示した通りであるから、控訴人らの上記主張は、被告に不法行為責任がないとの判断を左右するものではない」と退けた。二月二二日の期限までに上告はなく、高裁判決が確定した。

5　訴訟を終えて

集団訴訟では、「朝日新聞が慰安婦の嘘を世界にまいた」などとする産経新聞「歴史戦」の論調と同様の考え方が原告側主張の軸となった。裁判所は、記事による名誉毀損など不法行為があったとの原告側主張をすべて退け、朝日新聞社の法的責任を否定。朝日の記事が国際的に影響したとする原告側主張に対しても、相当因果関係や「主要な役割」を否定する司法判断が確定した。

しかし、一連の訴訟がすべて確定したことを詳しく報じたのは、筆者が取材・執筆を担当した朝日新聞と『週刊金曜日』の記事だけ。他メディアは新聞各紙が高裁判決を短く報じたのみで、詳報するところはなかった。

そもそも、慰安婦問題についての報道自体が少ない。二〇一五年の日韓合意などをめぐって韓国側の対応を批判する報道や、「世界の記憶」（世界記憶遺産）での慰安婦関係資料の登録をめぐる報道はその都度出ている。しかし、元慰安婦の声や支援活動を紹介したり、慰安婦問題をめぐる最近の研究成果を踏まえた報道はきわめて少ない状況がここ数年、続いている。

右派・保守系雑誌などでは、裁判が原告側敗訴に終わった後も「慰安婦虚報　朝日は今日も反省の色なし」（『Ｈａｎａｄａ』二〇一八年五月号）などと題する記事が載り、ネット上では依然として「朝日新聞による捏造慰安婦報道」といった書き込みが溢れる。一連の集団訴訟提訴の際、原告のひとりが「集団訴訟をおこなうことによって朝日新聞はこういった報道をおこなうときには、これから注意するだろう。非常に臆病になるだろう」と述べた状況が、日本のメディア全体を覆ったままだ。

〈ⓒ朝日新聞社　２０１８〉

第6章　ファクトがねじ曲げられる国際報道

立岩陽一郎
調査報道NPO「ニュースのタネ」編集長
ファクトチェック・イニシアティブ理事

はじめに

筆者は二〇一六年暮れに、二五年間勤めたＮＨＫを辞めて渡米。首都ワシントンにあるアメリカン大学で客員研究員をしながら、新たに生まれたトランプ政権を、日米メディアがどう報じるのかを見てきた。そこから見えてきたのは、事実とは異なるトランプ像を伝える日本の国際報道のいびつさだった。

1　トランプ政権とフェイクニュース

米国で起きたある事件

首都ワシントンの隣、メリーランド州の中学校。二〇一七年三月一六日、夜警中の警備員が、トイレから聞こえる不審な物音に気づきドアを開けた。すると、白人の少女と中南米系の少年二人が裸体で絡みあっていた。少年から逃れるように警備員に駆け寄った少女は、「自分はレイプされた」と訴えた。

ホワイトハウスのスパイサー報道官（当時）は、定例会見でこの事件に言及し、「トランプ大統領はこうした悲劇をくりかえさないために『不法移民』を取り締まるのだ」と述べた。

ちなみに、この「不法移民」は、通常は「無登録移民 undocumented immigrant」と呼ばれる。入国の経緯がどうであれ、すでに本人も子どもたちも米国社会に根づいていることを考慮しての表現だ。トランプ政権はこの言葉よりも、日本語に訳するならば「不法移民」となる illegal immigrant を使うケースが多い。

ホワイトハウスの発表によって、一躍全米に知られるようになったこの事件。しかし、その捜査はすぐに行きづまる。学校の防犯カメラの映像には、親しげに歩く三人の姿がとらえられていた。少年らの携帯から少女の裸体の写真が出てきたが、その写真は少女の携帯端末から送られてきたこともわかった。少女は、自らが二人を誘って行為に及んだことを認め、検察官は容疑を取り下げた。

実はこの事件は、その当初から少女の狂言を疑う指摘が出ていたという。ワシントン首都圏向けの公共放送WAMUラジオで移民問題を長く取材してきたアルマンド・トゥルール記者は、この事件を発生直後から追っていた。

「最初から少女の狂言という印象はあった。少年二人は問題のある学生ではなかったし、どちらかというと真面目な学生だった。だから事件の当初は、私は記事にしていない。それが、いきなりホワイトハウスが記者会見して全米の注目を浴びる事件となった。異常な展開だった」

少女の狂言が明らかになった後、ホワイトハウスはそれについてコメントをしていない。トゥルール記者は、そこにトランプ政権の本質を見る。

「結局、事実がどうだったかなどは、この政権にとってどうでもよいことだったんじゃないかと思う。あの会見で全米に、〝無登録移民の子どもに教育を与えた結果、白人の少女が襲われた〟という印象さえ与えられればよかったのだろう」

トゥルール記者は、トランプ政権にはねらいがあったはずだと話す。

「トランプ大統領は選挙戦の最中から、無登録移民の取り締まりを有権者にアピールしてきた。メキシコとの国境に壁を作るというのもそのひとつ。罪もない少女が、無登録移民の子ども二人に暴行されたという事件は格好の題材だった」

そして、次のように話した。

「大統領が平気でフェイクニュースを流す時代が来たということだ。恐ろしい時代が来たと思う」

この無登録移民をめぐってトランプ大統領は、他にも事実とは思えない発言をしている。大統領選で、三〇〇万人の「不法移民」がヒラリー・クリントン候補に投票したというものだ。この三〇〇万とは、クリントン候補が獲得総数でトランプ氏を上まわった数だ。トランプ氏がこの数字に強い不快感を示したことは広く知られている。トランプ氏は、それは民主党陣営が違法に入国した人々を組織的に投票させることで不正に作り出した数字だと主張した。その主張はいまも変えていない。他にも「オバマは私を盗聴していた。汚い奴だ」というツイートがあった。情報機関のトップがその事実を否定しているが、トランプ大統領は発言を訂正していない。

フェイクニュースを連発する最高権力者

いま米国で起きている深刻な事態というのは、権力者がフェイクニュースを発信することが常態化しているということだ。当然、米国民は最高権力者の発言に影響される。記者歴四〇年を超える「ワシントン・ポスト」紙のロバート・バーンズ上級記者は、次のように話した。

「読者からもらったメールにこう書いてあった。『あなたはフェイクニュースだ。あなたの記事など誰も信じない』と。こんなことはかつてなかった」

バーンズ記者は、二〇〇九年の第一期オバマ政権誕生の紙面を政治担当デスクとして仕切った。その翌日、新聞を求めて会社の前に並んだ長蛇の列を、いまも忘れることはないという。その後、希望して現場に戻り、六〇歳を超えて記事を書き続ける名物記者のひとりだ。

「私は自分の記事に、自分の思想や一方的な主張などは入れたことがない。事実のみを報じている。たとえば、トランプ大統領の閣僚の承認が遅れている問題を記事にするときも、議会の対応にも問題があることを書いている。『フェイクニュース』などと批判されるのは心外だ」

四〇年以上の記者歴で、かつてない反応だと彼は振り返った。そして言った。

「手の施しようがない」

政権がフェイクニュースを流す一方で、自らに批判的な報道をも「フェイクニュース」と批判する。バーンズ記者は、それが国民の分断に拍車をかけていると指摘している。それを実感した瞬間が筆者にもあった。

二〇一七年六月八日、トランプ大統領によってＦＢＩ長官を解任されたジェームズ・コミー氏が議会で証言した。首都はこの議会証言をめぐって盛り上がりを見せていた。それを商売にしようと多くのバーが午前一〇時から店を開け、そこに多くの客が列を作った。筆者はそのひとつに午前九時から並び、いちばん奥の席に陣取って議会証言を見た。

コミー氏は宣誓をおこなった上で、大統領は嘘をついていると明言した。その証言に沸くバーの客を見つつ、「この大統領が任期を全うするのは難しいだろう」と感じた。

議会証言が終わった直後に、トランプ大統領を支持した地域の人々に電話をしてみた。すると、その反応は首都とはまったく異なるものだった。オハイオ州で会社を経営し、ホワイトハウスに招かれたこともあるグレッグ・ノックス氏は、「まったく気にならない。メディアが言っていることは信じない。コミーはメディアに毒された嘘つきだ」と語った。「FBIの長官を務めた人物が嘘をついていると?」と問うてみるが、反応は同じだった。

アトランタ州でボトリング会社に勤めるデール・バーグ氏は、「あまり話題になっていない。おそらく、話題にしているのは西海岸や東海岸のリベラルだけじゃないかな。みんなニューヨーク・タイムズやCNNに影響されているからね」と淡々と話した。

解任されたFBI長官の発言に注目する人々と、それにまったく関心を示さない人々。その隔たりの大きさに、しばし茫然とした。そうした現状を、The Divided States of Americaと評するジャーナリストも出てきている。アメリカ合衆国ならぬ「アメリカ分州国」の誕生ということだ。

米国で起きた主要メディア批判と権力をチェックする取り組みの必要性

社会が分断されるいびつな状況の中で、報道とはどうあるべきかを問いかける問題も起きている。大統領選挙の最中に、トランプ陣営からの社会的弱者に対する差別的な発言について「公平性の名のもとに、他の候補者と同じように報じることに意味があるのか」と問うた公共放送の記者が解雇されたのだ。

ルイス・ウォレス氏。公共放送APMラジオの記者だった。解雇は、トランプ大統領の就任式から間もなくだった。解雇のきっかけは、自身による「Objectivity is dead, and I'm okay with it（客観性が失われても、私はかまわない）」と題したブログ投稿だった。ここでウォレス氏は、白人至上の人種差別や排外主義、性差別などを主張してやまない人々の言動を、客観性という理由でそのまま報じることの問題を書いた。

その数時間後に上司から電話を受ける。そして、ブログをすぐ削除するように命じられ、「政治的な立場に立たないという社内規則に明確に違反した」として一週間の出勤停止を命じられた。ウォレス氏は一度はブログを削除したものの、納得できずに復活させる。そして、その旨を上司に伝えた。すると会社の人事担当から「君のメールとブログの内容からすると、君はこの職場とは合わない。そう判断せざるをえない」と解雇を告げられたという。

ウォレス氏はいま、フリーランスのジャーナリストとして、少数者の意見を重視した報道をニューヨークで続けている。ウォレス氏は解雇時をこう振り返った。

「選挙中からずっと取材してきたなかで、トランプ大統領の誕生までの彼の発言や、彼を支持する人々の発言をどう受けとめていいか、それがわからなかった。私がいままで信じてきた表現の自由や報道の自由、人権といった概念が次々に壊れていくことに恐怖を覚えた」

米国では、レーガン政権時代の一九八七年に、放送に公平性を課してきたフェアネス・ドクトリン（Fairness doctrine）が撤廃された。それによって、共和党寄りの報道姿勢を明確にするＦＯＸテレビなどが放送をおこなうことが可能になっている。しかし一方で、公共放送のＮＰＲやＰＢＳは公平性の原則を崩していない。トゥルール記者の上司でＷＡＭＵ編集局長を務めるアリーシア・モントゴメリー氏は、「われわれ公共放送において、公平性と中立性を損なった報道はありえない」と明言している。

このフェアネス・ドクトリンは、日本の放送法にも影響を与えたことが知られている。日本では現在、放送法を改正して公平性の義務を撤廃しようとの議論が起きている。しかし、ウォレス氏のケースでわかることは、多くの米国のメディアは独自にフェアネス・ドクトリンを作り守っているということだ。

また、ウォレス氏も放送の公平性そのものに異論を唱えているわけではない。ウォレス氏は、自身が性転換者で性的少数者なのだ。そのため、トランプ支持者の集会での発言を取材するなかで、かつてない恐怖を覚えたという。それを、ジョージ・オーウェルの『一九八四年』にたとえて次のように語っている。

「あからさまに少数者を排撃する行為や言動が是とされ、（他の発言と）公平に扱われる社会が正しいとは思えない。それはまさに『一九八四年』に描かれた世界だ。私が拒否したのは、公平という装いで横行する迫害であり差別だ」

差別は、公平性の議論をする以前の問題として、認めてはならないという主張だ。当事者の話だけに、ウォレス氏の言葉を重く受けとめたい。

ファクトチェックの取り組み

大統領自らがフェイクニュースを流す米国。もちろん、ジャーナリストは傍観しているだけではなく、さまざまな取り組みをおこなっている。そのひとつがファクトチェックだ。ファクトチェックとは、政治家などの発言について検証し、事実かどうかを確認する取り組みだ。米国では二〇〇〇年代に入って積極的におこなわれるようになっている。

専門の団体も活動している。その代表的な団体がポリティファクト（PolitiFact）だ。もともとはフロリダの新聞「タンパベイ・タイムス」から始まった。いまはＮＰＯ団体として独立して活動している。ポリティファクトでは、あらかじめ評価基準を設定して、検証した結果を公表している。とくにトランプ大統領の発言には注目している。以下が大統領の発言を検証した結果だ（二〇一八年三月二〇日現在）。

True（事実）	五％
Mostly True（おおむね事実）	一一％
Half True（半分事実）	一五％
Mostly False（おおむね事実ではない）	二二％
False（事実ではない）	三二％
Pants on Fire（真っ赤な嘘）	一五％

つまり、調査対象となった発言のうち、「真っ赤な嘘」を含めて、事実と異なる内容が八割を超える。ポ

リティファクトの創設者で、いまもデスクを務めるニール・ブラウン氏は、こうしたファクトチェックの取り組みが、トランプ大統領の低い支持率につながっていると話した。

「トランプ大統領の支持率が上がらないのは、少なくともファクトチェックの結果が指摘され、大統領の対応を見て判断する多くの人が、この大統領を認めないからだと思う。米国人にとってリベラルか保守か以上に、嘘をつく大統領を信任するのは困難だ」

ブラウン氏は冗談まじりに、次のようにも話した。

「トランプ大統領はファクトチェックのスーパースターだ。こんなに嘘を言う大統領など見たことがない」

2　日本の国際報道はなぜ歪められるのか

そして日本の国際報道

こうしたトランプ大統領、あるいはトランプ政権の実像を、日本の国際報道はどれだけ正確に報じているのだろうか。筆者は前述の通り、二〇一七年一月から六月まで、首都ワシントンにあるアメリカン大学で客員研究員をしながら、この間の日米の報道のギャップに注意を払ってきた。そこから見えてきたのは、トランプ政権の実像を伝えない日本の国際報道だ。

たとえば、トランプ大統領が歴代最低の支持率であること、中南米や中東からの移民に対して厳しい発言をくりかえしていることは、一定程度報じられている。メディアを敵視していることも報じられている。しかし、低支持率の背景に、事実と異なる発言をくりかえすようなトランプ大統領の対応があることなどは十分報じられていない。

それを最初に感じたのは、トランプ大統領が二〇一七年一月八日におこなった、当選後はじめての記者会見だった。次期大統領であるトランプ氏が一時間かけて会見で語ったことは次の二点だった。

・自身のビジネスと、大統領としての職務との間で疑われる利益相反は存在しないこと

・「ロシア疑惑」とされる問題は事実無根であること

利益相反とは、大統領としての職務と、自身のビジネスとで利害が対立した場合に、大統領としての権限を不当に利用する行為のことだ。ロシアとの間でなんらかのビジネスをおこなっていたとの指摘もあり、この二点は複雑に絡みあっている。

会見は顧問弁護士まで登壇させる力の入れようで、そのほとんどの時間をこの二点の懸念の払拭に費やしていた。ところが、日本で報じられたのは、トランプ大統領がCNNに対して「フェイクニュースだ」と非難して質問させなかった部分と、貿易問題で日本を批判したという部分だった。報道に接して意外に思ったのは、大統領の日本への言及は「触れた」という程度の印象だったからだ。あらためて会見内容を読み込むと、中国を批判した中で「日本も」と付け加えたという程度のものだった。

ところが、「トランプ氏が日本を批判した」というニュースはその後増幅されていく。まず菅官房長官が反応してそれが大きなニュースになり、その後、経団連会長の反応もニュースになる。そうした報道の流れの中で、安倍総理が訪米して日米首脳会談がおこなわれる。大統領自慢の別荘マール・ア・ラーゴでの会食。傍らには安倍昭恵夫人の姿。そこに、高まる日本国民の不安を解消するために、夫婦で尽力する総理大臣というイメージがダブったとしても不思議ではない。

実は、その最中に米国では、トランプ政権に激震が走る疑惑の報道が始まっていた。それはワシントン・ポスト紙が二〇一七年二月九日に最初に報じたもので、安全保障担当の大統領補佐官だったマイケル・フリン氏が、駐米ロシア大使と政権発足前に接触していたことが明らかになったというものだった。

安倍総理とのフロリダの別荘での会談に向かう大統領専用機の機上で、トランプ大統領はこれについて記者団から問われている。そして、固い表情で「そのニュースについては知らない」と応じている。感情を抑えたその対応に、ことの深刻さを読み取った記者は多い。

当然、その後の米国の報道はこのニュースで持ちきりとなる。テレビニュースの映像では、安倍総理夫妻と会食するトランプ大統領夫妻の映像が流れるが、内容はロシア疑惑と、その今後の政権への影響を伝えるものとなっていた。

ところが、当時日本では、この問題は大きく報じられていない。これについて大手メディアのワシントン特派員に尋ねたところ、東京の本社から「それは米国の国内問題だ」と言われたという。この東京本社の判断がどこから来るのかは詮索しないが、結果的に、「国難」を回避するために奮闘する総理大臣の姿を伝えることが優先されたことになる。次のような図式だ。

会見でトランプ大統領が「日本」に一〇秒ほど言及

↓

「トランプ大統領が当選後初の記者会見で日本を批判」と報道

↓

官房長官が「深刻に受けとめる」と報道

↓

経団連も「深刻に受けとめる」と報道

↓

事態打開への安倍総理への期待が醸成される

↓

華々しい日米首脳会談の報道

↓

安倍総理への評価が上がる

↓

米国でトランプ政権に激震が走る疑惑報道が始まる

↓

日本では大きく報じられず

結果的に見ると、メディアが安倍政権の基盤強化に加担したことになる。首脳二人の人間関係に基づく日米の結束を強調したい安倍政権にとって、首脳会談の最中に沸き起こったロシア疑惑は避けたい問題だっただろう。

その後の日本国内の報道も同じ状況が続く。ロシア疑惑については、大きな動きがあれば報じるようにはなっているが、その問題と密接に絡むトランプ氏の利益相反や、重用する娘婿一族の利益相反の問題などについて報じられるのは稀だ。

もちろん、報道の自由が認められている日本において、政府がこの問題の報道内容に影響力を行使していると言っているわけではない。これはあくまでも結果論として述べているにすぎない。一方で、報道の側が、無意識に政権の意図を反映させている状況がないとは言い切れない。

たとえば、トランプ政権の北朝鮮政策についての報道を事例に見てみたい。

この問題について、日本のメディアに顕著な論調は、「トランプ政権は北朝鮮に対して強硬な姿勢をとっており、先制攻撃さえ辞さない」というものだ。日本のメディアがその根拠とする、トランプ大統領の韓国国会での演説がある。この演説について朝日新聞は「演説の大半は強い口調だった」として、米政府が北朝鮮に対し高圧的な姿勢を見せたとする記事を載せている。

しかし、演説を聴き、その後に全文を読んだ筆者には、そうは思えなかった。演説のほとんどは、朝鮮戦争以来、米韓がいかに結束していたかを語ったものだった。その中には、躍進めざましい韓国の女子プロゴルフ選手を称える場面もあった。北朝鮮に向けて語った部分は以下だ。

「北朝鮮はあなたのお祖父さんが夢見たような楽園ではない。それは地獄だ。しかしながら、われわれは、あなたが神と人間に対しておこなってきたあらゆる犯罪にもかかわらず、あなた方により良い未来への道を提供する」(筆者訳)

これは、体裁としては金正恩《キムジョンウン》・朝鮮労働党委員長に向けて語った言葉となっている。たしかに使っている言葉はトランプ大統領特有の荒っぽさを含んでいる。それをとらえれば「強い口調」と言えなくもない。

しかし、素直に読んだとき、むしろ歩み寄りを促している内容とも考えられる。

この言葉のメッセージの肝は、「われわれは、あなたが神と人間に対しておこなってきたあらゆる犯罪にもかかわらず、あなた方により良い未来への道を提供する」であり、先制攻撃を示唆した演説と考えるのには無理がある。「あらゆる選択肢がある」としたトランプ政権の公式見解を超えたものとは思えず、さらに深読みすれば、その後の米朝首脳会談につながる呼び水の役割を担ったと理解することも可能だろう。

同じことは、その前におこなわれた国連演説についても言える。トランプ大統領は、ここで金正恩委員長を「ロケットマン」と揶揄して、北朝鮮政府の反発を買っている。しかし、この演説でトランプ大統領は、北朝鮮との対話を拒否するような発言はしていない。これは、同じ場でおこなわれた安倍総理の演説が、「北朝鮮にすべての核・弾道ミサイル計画を、完全な、検証可能な、かつ、不可逆的な方法で放棄させなくてはなりません。そのために必要なのは、対話ではない。圧力なのです」と述べて、対話を拒否する姿勢を強調したのとは異なるものとなっている。

ところが、当時の日本の報道にあらわれるトランプ大統領は、対話などありえず、すぐにでも北朝鮮を攻撃するかのように描かれていた。それはなぜなのだろうか？

ある朝鮮半島研究の専門家が「トランプ政権は北朝鮮の体制変更を求めている」と発言するので、それは何を根拠に言っているのかと尋ねたことがある。筆者が知る限り、トランプ大統領自身も、マティス国防長官も、そうした発言はしていないからだ。すると、それは日本政府幹部から知りえた、米国政府高官からの情報だということだった。

なるほどと思ったのは、日本の報道にも同じ構図があることが容易に推測できるからだ。つまり、日本の国際報道は、実はそうした日本政府のフィルターを通した形でおこなわれている可能性が高い。これを日本政府によるオフレコ情報と言い換えてもよい。

それは次のように機能する。トランプ大統領が何か発言した際に、その意味するところを日本政府に確認する。それは米国であればワシントンの日本大使館だし、韓国であればソウルの日本大使館となる。すると、その言葉の背景説明がおこなわれ、それが報道内容を事実上決める。

それによって、演説内容からは読みとれないはずの、トランプ大統領の強硬的な政策が報道されるようになる。しかし問題は、それが正しいのかという点だ。そこに加わるのは日本政府の思惑であって、かならずしも正しい情報ではないからだ。そして残念ながら、その後、米朝会談に向けた議論が金正恩政権とトランプ政権の間でおこなわれている現状を考えると、これまでの日本の報道が正しかったとは言えない。

国務長官の解任は「強硬派」VS「国際協調派」の争いなのか？

もうひとつの事例を見てみたい。二〇一八年三月のトランプ大統領によるティラーソン国務長官の解任。各社は、「国際協調派」の国務長官の首を「強硬派」の大統領が切ったという解説で、米朝関係に黄信号が灯《とも》るかのような報道をおこなった。

これも違和感のある解説だ。ティラーソン国務長官を国際協調派と呼ぶことは可能だが、トランプ大統領を強硬派としてくるのは、きわめて大雑把な単純化でしかない。なぜなら、トランプ大統領は、強硬派とするほどの一貫した外交方針を示していないからだ。

また、仮に国際協調派という理由でティラーソン氏を解任したのであれば、同じ国際協調派として知られる娘のイヴァンカ氏と、その夫のクシュナー氏も遠ざけなければならない。しかし、トランプ大統領がこの二人を遠ざけるような動きを見せたことは確認されていない。

このティラーソン長官の解任が、実はトランプ大統領の個人的な好き嫌いに起因していることは、米国のメディアで共有されている情報だ。「国際協調派と強硬派の対立」というのは結果からの推測でしかない。

ではなぜ、この個人的な好き嫌いから生じた解任劇が、日本では「国際協調派と強硬派の闘争の結果」となるのだろうか。それは、強硬派で北朝鮮攻撃をも辞さぬ姿勢を見せていたポンペオCIA長官を国務長官にするとした人事を説明するときに意味をもつ。つまり、国際協調派の長官を解任して、強硬派の長官が誕生することで、トランプ政権は北朝鮮に対して強硬的な路線に転じる可能性がある、と解説することができるからだ。この際、北朝鮮との対話を拒否している日本政府としては、言行不一致におちいらないためには、米国が強硬派でいてくれたほうが助かるという側面にも留意する必要がある。つまり、解説しやすい構図に、日本政府の思惑が入り込む余地を与えているということだ。その結果、「国際協調派の国務長官が解任され、その後任に強硬派のCIA長官が就任」という、一見わかりやすいニュースが溢れることになる。

これについては、どこのメディアと名指しする必要はなく、ほとんどのメディアが伝えていた。ところが、その後ニューヨーク・タイムズ紙（三月一六日）は、そもそも米朝首脳会談の交渉役を米国側で担っているのはCIAだったと報じている。そうなると、CIA長官が国務長官に就任することによって、米朝首脳会談に暗雲が立ち込めるかのように報じた日本の国際報道とは何だったのか。ニューヨーク・タイムズ紙が間違った報道をした可能性も否定できないが、この報道はCNNなども後追いで報じている。

真偽不明な情報源の表記

こうした国際報道の中で、つねに出てくる言葉に「政府関係者によると」とか「関係筋によると」というものがある。

たとえば、日米関係の報道でよく使われる情報源の表示に「日米関係筋」や「日米政府筋」というのがある。これは、情報源が特定されることで提供者を危険にさらすことがないように、特例として認められる表記だが、実際にはきわめて安易に使われている。この「日米政府筋」がどれくらいの立場の人で、何の理由で情報源になっているかといった基礎情報は、当然のように書かれていない。はたしてこの情報源が日本側なのか、米国側なのかさえ不明だ。

たとえば、二〇一七年八月に北朝鮮が太平洋に大陸間弾道弾を着弾させた直後、TBSはワシントン支局からの中継で「日米政府筋は強い衝撃を受けている」と報じている。この中継コメントの前には、衝撃を受けた日本政府が対応を協議する内容が伝えられており、これによって「日米両政府がともに強い衝撃を受けて対応している」という状況を伝えるものとなっている。

ここで、メディア関係者には半ば常識となっている事実を書かねばならない。ワシントン発のニュースで「日米政府筋」と伝えた場合、それはワシントンにある日本大使館を指すことが多い。もちろん今回の報道が何を根拠にしているかはわからないが、仮にそうだとすると、日本政府とともに「強い衝撃」を受けたのは、日本政府の出先機関ということになる。つまり「日本政府が衝撃を受けている」というニュースを、太平洋の両岸で伝えただけの話となる。これは推測でしかないので「仮に」と断っておくが、「仮に」そうだとすれば、このニュースは事実を伝える報道とは言いがたい。

二〇一八年三月二四日の朝日新聞の記事「米安保の要　強硬派ボルトン氏」の記事も似たケースだろう。これは、マクマスター大統領補佐官（国家安全保障担当）を解任してボルトン元国連大使を抜擢したことで、「対北朝鮮の交渉で譲歩しない姿勢を示した形だ」としたものだが、そこに「ワシントンの軍事筋」という情報源が登場し、「（北朝鮮に対する）軍事行動に向けた動きを加速させるのでは」との観測を語っている。

なぜ「軍事筋」などという奇妙な言葉を使うのだろうか？　仮にこれが米国防総省の担当者が語った言葉ならば、こういう表記にはならない。推測するに、ワシントンの日本大使館駐在武官ではないだろうか。あるいは、第三国の武官ということもありうるだろう。仮にそうだとした場合、あたかも米国側の見方のように記載するのは、誤解を与えるものと言わざるをえない。

ここでTBSと朝日新聞を例に出したが、これはこの二社だけの問題ではない。新聞、通信、テレビを問わず、他のメディアでもこうした「関係者」や「筋」を使った情報源の表示が国際報道では横行している。氾濫と言ってもいい状態だ。

こうした情報源を明示していないに等しい報道が、結果的に、事実よりも思い込みを重視した報道につながっていないか、検証が必要だ。そして、もっとも憂慮されるのは、その結果として、情報をちらつかせて接触する権力に対して脆弱な報道が蔓延することだ。すでにその兆候は出はじめている。

危険な状況はすでに存在している

フジテレビは二〇一八年三月九日に「電撃的に発表された米朝首脳会談。トランプ大統領がこの決断に至る過程で、日本政府が主導的役割を果たしてきたことがわかってきた」とするニュースを流している。以下はその抜粋だ。

今回の米朝首脳会談に至る過程で、日本が蚊帳の外に置かれていると懸念する声も出ているが、首相官邸を取材している、フジテレビ政治部の千田淳一記者はこれを否定する。政治部官邸担当・千田記者は「今回の米朝会談へという流れは、実は、日本政府のシナリオ通りでもある。日本が主導して、アメリカと韓国を動かして、圧力を強めてきたという経緯がある。日本政府は、一カ月以上前から、北朝鮮が折れてくると読んでいて、平昌《ピョンチャン》オリンピック後に、トランプ大統領と安倍首相が、事前に直接会談するということは、すでに決まっていた。トランプ大統領の方から、安倍首相に『グッドニュースがある』と伝えてきたのをみると、二人がこうしたシナリオを共有していたとみることもできる。日本としては、今後もアメリカに積極的に働きかけて、拉致問題の進展にも結びつけることを狙っている」と話した。実際、安倍首相は、これまで「圧力を最大限まで高め、北朝鮮の側から『政策を変えるから対話をしてほしい』と言ってくるような状況を作っていかなくてはならない」と話していて、まさにその通りになったとも言える。

(https://headlines.yahoo.co.jp/videonews/fnn?a=20180310-00000867-fnn-int 現在はアクセス不能)

一見して、このニュースには事実が書かれていないことがわかる。「自社の記者がそう話している」というだけの話だ。記者がどういう立場の人間から情報を得てそう語るのかも不明だ。また、仮に日本側の確認が取れたものだったとしても、「トランプ大統領の決断」と書く以上、米国政府の確認も必要だ。しかし、ニュースのどこにも、そうした取材をした形跡はない。

これでは、思い込みだけで報じられたようにしか見えない。さらに言えば、この内容は日本政府の対応を弁護するものとなっており、政権へのお追従《ついしょう》ととられても反論できない。

この一例はきわめて突出した事例だとは思うが、現状の国際報道を客観的に眺めたとき、すでに政権側が流す情報がそのまま流れる仕組みは存在していると見てよい。その「情報」は、あるとき「フェイクニュース」に転じる危険性もあるが、「日米関係筋」や「米朝関係筋」といった、あやふやな情報源の表現が使われることで、もっともらしく伝わることになる。

これは実に深刻な状況だと理解しなければならない。ニュースを出す側も、ニュースを利用する側も、もう一度、事実に立脚するということの意味、事実を伝えるときに必要とされる根拠の明示と真剣に向きあう必要がある。

付記――その後の朝鮮半島情勢の展開をふまえて

本稿執筆後の二〇一八年四月二七日、北朝鮮と韓国の間で南北首脳会談が実現した。さらに、米朝会談も六月一二日に開催されることが発表された。五月になってトランプ大統領が突然会談の中止を発表するなど、まだ紆余曲折が予想されるが、引き続き実現に向けた話し合いは続けられている。つまり、南北会談によって生まれた米朝の対話はすでに始まっているとも言える。

本稿中で示した通り、北朝鮮との対話に国内メディアはいずれも懐疑的な論調であったが、その後の流れを見ると、それらの報道に確たる根拠がなかったことを露呈した形だ。

たとえばＮＨＫは、平昌オリンピックでの南北融和の動きについて、韓国国民の厳しい批判が予想されるとして「文大統領は今後、難しい政権運営を迫られると見られています」と報じていた。そういう報道は何を伝えていたのか？　いまさらながらに疑問を感じる。日本政府の意をくんだ内容だったと結果的に見られても仕方ない。実際には、南北会談を実現させた文在寅《ムンジェイン》大統領の支持率は上がっている。

私は、南北会談の翌日から北朝鮮で取材をしていたが、北朝鮮の人々もこの流れを歓迎していた。

板門店から一〇キロ北上した開城《ケソン》市は朝鮮最初の統一王朝の王都である。そこに南北の連絡事務所が設置されることが決まっている。その開城市でガイドを務める女性に、開城市が南北の対話の場所になることについて尋ねてみた。

「二〇〇〇年の歴史をもつこの開城市の住民として、本当にうれしいことです。誇らしいと思います」

そして逆に、次のように問われた。

「日本は南北首脳会談をどう見ているのですか？　私はそれが知りたいです。世界中が会談を支持しているのに、日本はどう見ているのでしょうか？　日本は世界の流れに遅れてしまうのではないでしょうか？」

私は答えることができなかった。

《特別インタビュー》

バッシングされても、自分の疑問をまっすぐ問い続ける

望月衣塑子
東京新聞社会部記者
聞き手　永田浩三

「鉄壁の菅」を突き崩した質問の力

永田　今日はご多忙のなか、ありがとうございます。

望月さんが一躍注目されるようになったのは、昨年（二〇一七年）六月の菅官房長官の記者会見での鋭い追及によってでしたね。森友学園の国有地払い下げや加計学園の獣医学部の新設をめぐり、安倍首相の意向を忖度して行政のあり方が歪められたのではないか……との疑惑に対し菅氏は、「ご指摘は当たらない」というフレーズに象徴される強気の姿勢で一蹴してきました。これは、問題を「問題ではない」と言い、あったことを「なかった」として憚《はばか》らない、この政権の姿勢そのものだったと思います。

望月　そうですね。

永田　「鉄壁」とまで言われたその壁を突き崩したのが、望月さんの質問でした。そこからの一年あまりをどう振り返っていますか。

望月　最初に私が菅さんの会見で質問したのが六月六日でしたが、加計学園の問題をめぐって前文部科学次官の前川喜平さんが「総理のご意向」と書かれた文書の存在を証言し、安倍政権への疑惑が強まっていた時期でした。その後、七月の東京都議選で自民党は大敗し、政権はダメージを受けたかにも見えましたが、起死回生をねらって九月に衆議院を解散。野党側の分裂が幸いして、ふたたび自公が圧勝しました。

私自身はもともと社会部なので、官邸の記者会見に参加するのはそろそろ、もういいかなとも思い始めていたのですが、総選挙の直後から、国会での野党の質問時間を減らすとか、むしろ政権のやり方はますます強権的になってきました。

講演などを依頼されることも増えて、市民の方々と直《じか》に話すと、多くの人が真実を知りたい、いまの政治はおかしいという強い思いを抱いているのを肌で感じます。子育てで夜討ち朝駆けができないという事情もあって、世の中の人が感じている疑問や怒りを記者会見の場で皆さんに代わって質問するということが自分の役目じゃないかと思い、いまも官邸記者会見にはできるだけ参加するようにしています。

永田　その後も、政権はこの問題を存在しないものとして否定し続けてきましたが、今年三月になって朝日新聞が、森友問題にかかわる公文書が財務省によって改ざんされていたことをスクープし、さらにイラクや南スーダンの自衛隊の日報の隠蔽、裁量労働制にかかわる厚生労働省のデータ偽造などなど、次々に政権の嘘が暴かれ、いまや官邸はどれにも対処できない、お手上げのような状態です。

望月　政権の下で働いている官僚たちの中にも不信感がめばえて、政権にとって都合の悪い情報を野党や報道機関にリークするようになってきたんでしょうね。「安倍一強」といわれ、自民党総裁に三選して憲法改正発議まで進むとみられていた今年はじめの状況からは一変しました。

　でも、いまも官邸記者会見で私ができる質問は二問までなんですね。私が手を挙げると、官邸報道室の司会役から「では、いまの方、一問でお願いします」と。一問では事実確認がせいぜいで、二問でも核心をつく質問はなかなかできません。質問時間も制限されて、菅さんが目配せすると、すかさず「簡潔にお願いします」と切り上げを求められるんです。

産経新聞による望月バッシングの影響

永田　そうやって制約を受けながらも、市民の声を代弁して質問する望月さんに対して、ネット上では激しいバッシングが加えられ、果ては報道機関である産経新聞まで、わざわざ記事で望月さんの質問を問題視した。これは、かつてなかった事態だと思います。

望月　そうですね。元毎日新聞の臺宏士さんによると、「産経ニュース」には半年で三〇本も私に関する記事が書かれたそうです。それが政権へのアシストのつもりでなのか、真意は定かではありませんが。

最初は気にせず読んでもいなかったのですが、あるときを境に、急に周囲から「家族は大丈夫?」などと心配されるようになりました。それは昨年八月、北朝鮮が弾道ミサイルを発射したときに「（北朝鮮が「金正恩委員長の〝斬首作戦〟はやめてほしい」などの対応を求めていた）米韓合同軍事演習の訓練内容について、アメリカや韓国に『訓練内容を慎重にやるように』といった働きかけはしているのですか?」と質問したのを「『金正恩委員長の要求に応えろ』…?　東京新聞記者が菅義偉官房長官にトンデモ質問」と産経ニュースが書いたのです。それによってネット上で「北朝鮮のスパイ」認定され、一挙にバッシングが広がりました。

もうひとつ、同じ八月の二五日に、加計学園の獣医学部新設の認可が保留になったという情報をもとに質問したところ、それが情報解禁の前だったということで官邸報道室から「未確定な事実や単なる推測に基づく質疑応答（中略）は断じて許容できない」と文書での注意を受けました。情報解禁前といっても、その日の午後に公表が予定されていて、わずか数時間前のことなのですが。この件も産経新聞に記事で書かれ、また炎上しました。

その直後に、会社に「殺してやる」という脅迫電話が来たんです。そこではじめて私も身の危険を感じましたし、会社が非常に心配して、講演など外での活動を控えるようにと言われました。

私は当時、伊藤詩織さんのことを講演などで積極的に話していました。検察審査会で不起訴相当の結論が出たことで、記事で書くにはハードルが高くなってしまったので、講演などの場で「これは問題ではないか」ととにかく何度も話すようにしていたんです。会社としては私を心配してのことだとは思いますが、外での発言を控えろと言われたことで、そういう発信の道を絶たれた。そのときはじめて心ない報道に怒りを覚えましたね。

私だけではなくて、元朝日新聞記者の植村隆さんも、もとはと言えば花田紀凱氏が産経新聞のコラムで「捏造」と攻撃したことで一挙にバッシングが強まったと聞いています。やはり、産経が書くことでネット右翼が一挙にそれを拡散するという回路があるようですね。

自分がバッシングを受ける当事者になってみて、たかが電話一本で自分の発信の道を奪われてしまうということ、私たちメディアは言論の場でさまざまな意見を提示することが仕事なのに、言論を封じ込めるような攻撃に加担することはやはり許せないと感じました。

私だけでなく、琉球新報と沖縄タイムスという、沖縄の歴史や人々の思いを背に政権と対峙している沖縄の地元紙に対して「メディアの資格があるのか」というような言い方で同じ報道機関が批判するというのは……。

永田　ありえませんよね。

望月　産経新聞にも尊敬する記者はたくさんいますが、少し前までそんなことはありえなかったと思うんです。知り合いの産経の記者からは「ごめんね、ＰＶ（ページビュー）が稼げるからついつい（望月のことを）書いてしまうらしい」とメールで謝られたこともありますが。つまり、わかっていながらビジネスとしてやっているということですよね。

永田　記者を誹謗して炎上のきっかけを作ることでＰＶが増え、広告収入になる。炎上商法というか、放火商法ですね。

望月　世の中のおかしいことを掘り出して追及するのが社会部記者の仕事なので、それでバッシングされることも、ある程度は仕方ないと思っています。でも、政府を監視するのが仕事のジャーナリストや報道機関に対して、足を引っ張って引きずり下ろすようなことを、同じメディアが率先してやっているというのは、やはりおかしいと思います。

詩織さん事件と #MeToo の広がり

永田　先ほど話題に出た伊藤詩織さんも、同じく右派メディアからひどいバッシングを受けていますね。

詩織さんは、当時ＴＢＳワシントン支局長の山口敬之氏にレイプされたことを告発し、それが不起訴になったのをおかしいと訴えて、顔を出しての記者会見に踏み切りました。

望月さんは最初、取材者として伊藤さんと会い、それを通じて彼女を支援するようにもなってきたのですが、最初はやはり、事実を確認するという記者の仕事上、詩織さんにとってつらいであろうことも質問したと著書に書かれていますね。

望月　性被害を顔を出して訴えること自体、当事者にとって非常に勇気のいることです。まして当時の山口氏は、安倍首相の覚えめでたいジャーナリストで、訴えれば政権を敵に回すことにもなる。それでも泣き寝入りはしないという彼女の決意は、尋常ではないと感じました。

でも、自分の会社のデスクを説得して記事にするには、事実関係としてクリアしなければならない点がいくつもある。なので、彼女にとってつらい質問であることは承知しながらも、「どうしてすぐに病院に行かなかったのか」「どうしてこのタイミングで会見するのか」と、しつこく聞かせてもらいました。

でも、彼女自身もジャーナリストですから、事件の直後から、客観的な証拠を残そうと、さまざまな努力をしているんですね。質問を重ね

望月衣塑子

るうちに、そういうこともわかってきたし、狂言や売名でやれるレベルではないということを確信しました。

永田 そうして望月さんの協力も得て、詩織さんの事件は世に知られるようになりました。日本での「#MeToo」運動が広がる発端になったともいえ、現在政権を大きく揺るがせている、財務次官によるセクハラの告発にもつながったと思います。

望月 福田淳一財務次官（当時）から、たくさんの女性記者が長年のあいだ被害を受けてきたことは、いわば公然の事実でした。それがようやく、匿名とはいえテレビ朝日の記者の告発で表に出た。私が知る限りでも被害を受けた記者はもっと大勢いて、ぼかした形でも名乗り出られないかと尋ねても、やはりみんな躊躇するんです。詩織さんや告発した女性記者のようにバッシングを受けるリスクや、今後の記者としての仕事に影響することを考えると。

永田 今回の件は、女性記者に対するセクハラであると同時に、財務省トップの立場を利用したパワハラでもある。さらに、発覚してからの財務省の対応も、訴訟をちらつかせながら被害者に名乗り出ろという、ほとんど恫喝のようなものでした。これはジャーナリズムに対する挑戦でもあると思います。

望月　そうですよね。ちょうど今日（四月一八日）、財政研究会（財務省の記者クラブ）が抗議声明を出しましたが、全社一致ではなく、日経新聞は賛同しませんでした。ある大手紙は、記者クラブの女性のみが参加して福田氏を囲む飲み会を定期的に開き、その大手紙の男性記者二人が幹事役で取り仕切っていたそうです。その場では、福田前次官が女性の手を握ったり肩を抱き寄せたりといったセクハラ行為が、記者や財務省職員の前で堂々とされていたそうです。

スクープを世に出す緊張感

永田　望月さんはもともと社会部記者として事件取材や武器輸出問題の調査報道にかかわってこられました。非常に手間暇のかかる取材ですし、もしかすると誤った情報をつかまされる可能性もある、リスクをつねに抱えた取材をされていると思います。

いまの風潮では、たとえば政権の疑惑をすっぱ抜くスクープに対して、政治家自身が「それはフェイクニュースだ」と言い切ってしまう。トランプ大統領などもそうです。とりわけ朝日新聞は、かつて慰安婦問題の報道で大きな痛手を被っていますから、今回のスクープにあたっては、非常に慎重な事実確認の上で第一報を報じたのでしょうね。

望月　おっしゃる通り、朝日新聞は今回、非常に慎重に準備を重ねてきたと思います。記者たちの間では、朝日がはじめに物証を出せなかったこともあって、政権は「ない」と言い張り、そのまま水掛け論でうやむやになるんじゃないかという見立てもあったんです。

でも、やはり事実は強いですよね。その後、大阪地検が問題の文書の原本を出せるとなり、国交省からは「改ざん前の文書があった」という発言が出たりして、結果として政府・財務省は改ざんを認めざるをえなくなりました。これは、朝日新聞が当初予想した以上の結果だったと思います。

菅官房長官も、途中からはなにか表情がうつろになり、最近はもはや制御不能という雰囲気です(笑)。あったことをなかったと言い張る政権の姿勢に対して、市民も怒ったし、野党も連携し、官僚も陰でリークしたりして、結果として情報が出やすい環境があったのでしょうね。

永田 最近、大学で学生たちに言っているのですが、「いまは何十年かに一度あるかないかの、新聞がおもしろい時代なんだよ」と。毎日のように新たなスクープが出てきて、各社が一面で競いあっている。それも、どの新聞を読むかによって見え方がくっきりと違う。報道が社会を日に日に動かしている、そんな時代は久しくなかったんだと伝えています。

望月 そうかもしれませんね。

永田 でも、そこには同時に怖さや緊張感もありますよね。少しでもミスがあれば政権側が反撃してくるし、間違いは許されない。

望月　そうですね。デスクやキャップも非常にうるさくなっています。ひとつでも落ち度があれば、政権側だけでなくネット上でも一斉に叩かれますからね。今回も、朝日新聞が「安倍晋三記念小学校」と書いた記事を、その後、財務省の文書開示を経て修正したことで、首相は鬼の首を取ったように「捏造だ」と国会で五回も言い募りました。報道がすでに修正されているにもかかわらず、一国の首相が、特定の新聞社の記事について国会の場で何度も「誤報だ」をくりかえす姿はかなり異様でした。

大きなスクープを打つときには、どこの社も二カ月、三カ月かけて十分に裏とりをし、満を持して出していると思います。とりわけ政権の浮沈にかかわるようなネタは、握り潰そうという圧力も働きますから。

永田　「総理のご意向」文書の存在を証言した前川喜平さんにも、NHKがずっと取材をしていたと言われていますが、結局報道できないままになったわけですからね。

望月　前川さんがあちこちで公言しているから、そろそろ（NHKも）認めていいんじゃないかと思いますが(笑)。

永田　今回、柳瀬唯夫首相秘書官（当時）の「首相案件」という言葉のある文書が見つかって、これまで一年近く報じられてきた疑惑の最後のピースがはまったように思います。もはや、これで何ごともなかったというのは常識的に考えてありえない。

けれども、その一方では、どんな事実が出てこようとも、安倍さんは関与していない、むしろ朝日の捏造だなどと言い張る人たちが、ネットも含め一部のメディアに相変わらずいますよね。それについてはどう思われますか。

望月　彼らの声が大きかったころには多少気にもしましたけれど、さすがにこのところ説得力をなくしつつありますよね。当初、公文書の「改ざん」ではなく「書き換え」を使っていた産経や読売も「改ざん」と書くようになりました。さすがに、このまま安倍政権と心中するのは危ないと感じるようになったのではないでしょうか。

他方で『Ｗｉｌｌ』や『Ｈａｎａｄａ』のように、どこまでも安倍政権を擁護するメディアもないわけではありませんが、影響力は衰えてきていると思います。一部には受けるかもしれませんが、世の中にさほど浸透していないのでは。もちろん、空気がまた一変することはありうるので、彼らはそのタイミングを虎視眈々とねらっていると思いますが。

権力追及を弱めるメディア側の問題

永田　菅さんの官邸記者会見のときも、同業者の中から望月さんを応援する人がなかなか出てこなかった。朝日新聞の南彰記者やジャパンタイムズの吉田玲滋記者などに限られていました。なぜなんでしょうね。

望月　「本当は自分も質問したい」と言ってくれる人は他にもいるんですけどね。でも、デスクに止められたとか、政治部との関係が悪くなるからやめてくれと言われたとか。やはり、社会部と政治部の緊張関係はありますね。政治部の聖域に入ってくるなという。ここの垣根が、実はいちばんの問題だとも思います。

東京新聞でも、私以外にもっと詳しく取材している記者がいますから、質問すればいいと思うんですけど、なかなか前に出たがりません。私は誹謗中傷もそんなに気にならないので、役割分担と考えればいいのかもしれませんが。

永田　東京新聞には、かつて社会部長から政治部長に移った菅沼堅吾さんという方がおられます。青少年向けの本の中で、自分がつかんだスクープの結果として政権が倒れるようなことがあっても構わないから、自分はそれを世に出すと書かれていました。記者としては普通のことじゃないかと外部の人なら思うかもしれませんが、政治部長の言葉としてはすごいですよね。

望月　たしかに、それは社会部的な発想ですね。

永田　永田町の内側まで入って核心的な情報を得るというのもひとつの取材手法ですけれど、一方で、政治の矛盾や腐敗を追及するときに、政権といい関係だけでは済まないことは当然あります。

望月　海外の記者は、「たとえばNYタイムズの社長が時の政権のトップと定期的に会食するなんてありえない」と言っています。でも日本だとそれが普通で、おかしいという感覚自体がないんですね。報道は権力に対するチェック機関だという意識がないまま記者になる人が多いというのは問題だと思います。就職活動で、銀行も商社も受けたけど新聞社に受かったから記者になりました、というような。

私自身も新聞社に入る前にジャーナリズムの教育を受けてはいなくて、自分で本を読んで勉強した程度でしたけど。そこは大きな課題ですよね。最近では、大学で現役のジャーナリストが講義を持ったり、永田さんのように現場出身の先生も多いので、これから報道をめざす学生さんは違ってくると期待したいですが。

この前、NHKのある支局のデスクの方が、新人の記者さんから「権力に対して、私は批判しなくてはいけないんですか？」と質問されたそうです（笑）。

永田　ええっ（笑）。

望月　「会見では自分の疑問を聞いたりしないで、話されたことをただ正確に記録すればいいんじゃないんですか」って（笑）。

永田　実際の会見でも、記者はみんな下を向いてキーボードを叩いていますからね。

望月　そのくらいのところから始めなくてはいけないんだな、と。

事実を記録し、後世の審判を仰ぐ

永田　権力が自分たちに都合の悪いことを隠そうとすれば、文書を開示しなかったり、そもそも「存在しない」としたり、官僚を使って口裏を合わせたりと、あらゆる手段を使えます。それに対して事実を暴き出そうと、あの手この手を使う報道機関とはそもそも力関係が釣りあっていない。でも、それを対等のように「どっちもどっち」と見たり、「政権を叩きたいだけだ」と見たりする。これは、いろいろなところに通じてくる問題ですね。

望月　そうですね。

永田　今回の朝日新聞の報道でも、もともと問題を隠している政権に対し、いろいろな文書の存在を暴いて追及していくなかで、ひとつでも不正確なところがあれば、それをもってエアです。

「捏造だ」などと攻撃される。明らかにアンフ

望月　今回の事件を受けて、公文書管理法を改正して罰則規定を設けようという話も出ていますが、新たな改正案を見ると「今後はできるだけ相手側の了解も得た上で公文書に記録しましょう」などとある。そんな規定を設けたら、いま出てきている「総理のご意向」や「首相案件」のような、政権にとって都合の悪い記録はそもそも残せるはずがありませんよね。改正どころか改悪です。

こういう案が出てくるのは、公文書というものの価値について、政権がその程度にしか考えていないということだと思うんです。福田〈康夫〉政権のとき、遅まきながら公文書管理法を制定したのは、公文書は歴史の検証材料であり、国民の共有財産として後世に残すべきだという強い意志が背景にあったと聞きます。

でも、安倍政権の人たちは、そんなことどうでもいいと思っているんですよね。いずれ歴史の審判を仰ぐなんて気はさらさらなくて、後から追及されそうな都合の悪い情報は抹消し、黒塗りにして恥じるところがない。政権トップや官邸がそういうふうに考えている

永田浩三

からこそ、官僚もそれにならって隠すんだろうと思います。

永田　いまスピルバーグ監督の映画「ペンタゴン・ペーパーズ」がヒットしていますが、ここにはアメリカの公文書に対する態度がよくあらわれています。ベトナム戦争の際、マクナマラという国防長官が、前の政権の政策に関する情報を、都合の悪い内容であっても全部ヒアリングして、ランド研究所という研究機関に保管する。それは、いますぐには公表できないけれど、のちの世の人々がそれを元に検証できるようにということです。その情報をNYタイムズやワシントン・ポストがすっぱ抜くわけです。

ニクソン政権はそれに対し「戦争が継続中のいまは公表すべきではない」として記事差し止めを申し立てるのですが、地方裁判所ではなく最高裁の判決を仰ぐと宣言するのですね。どういうことかというと、三審までありますから、その間に猶予期間がある。それは報道機関に対する武士の情けのようなもので、そこにはおそらく権力側の恥じらいというか、わきまえがあるわけです。

最終的に最高裁は、公益性のある情報を報じることは国民の知る権利に奉仕するものだとして、報道機関の側に軍配を上げます。それが映画の軸になるのですが、その前提として、政府の側がもともと自分にとって都合の悪い情報を記録として残していたからこそなんですね。暴くだけの情報を、改ざんもせずに政府の内部に残していたということです。

望月　朝日新聞記者の奥山俊宏さんの著書『秘密解除　ロッキード事件――田中角栄はなぜアメリカに嫌われたのか』（岩波書店）に書かれていたことですが、田中首相が中国との国交を正常化しようと政治的な決断をしていた時期の日米首脳会談について、日本側とアメリカ側それぞれの記録で見ると、違いが際立っているそうです。

日本側は、ニクソン大統領の発言内容について「うまく行くことを望む」としか書いていないのに対して、アメリカの公文書ではニクソン大統領の発言に「苦々しげに」という形容を付した上で「うまく行くことを望む」と表記し、田中首相が「日米間の利益はかならず守る」と強調したときも「時計を見た」と書かれている。日中国交正常化をアメリカは決して喜んで受け入れていたわけではないことが、残された公文書から読み解けるのです。日本側の記録ではこれはまったくわからない。その後NYタイムズに「日本と中国の国交正常化をニクソンが受け入れた、日本はそう感じている」という記事が出て、ニクソン大統領はひどく腹を立てたそうです。アメリカという国は、記録して保存することに、そのくらいの意識があるということですね。

永田　ホワイトハウスの中での大統領の会話は、すべて録音されているそうですね。すぐには公開しないけれども、いずれ白日の下にさらされるという前提で話されている。それは権力者の意識がまったく違うはずですね。かならず後世の人に評価されるという覚悟というか。

望月　覚悟ですね。

永田　安倍首相も「後世の歴史家に判断を委ねたい」なんてよく言いますが、まったくその覚悟が違います。

メディアは後世に対して胸を張れるか

永田　その問いかけは、メディアの側にも跳ね返ってくるものだと思います。たとえば出版社がいま売れるからとヘイト本をたくさん作ったり、ニュースサイトがＰＶが稼げるからとバッシング記事を量産することは、はたして後世の検証に耐えうるのか。メディアの人間もそういう視点を持って仕事をするべきですね。
ジャーナリズムの原義はフランス語の「jour」、その日その日という意味ですが、歴史とは毎日の積み重ねで作られていくもので、ジャーナリスト自身も日々の行動で歴史を刻んでいく存在です。自分たち自身もいずれ将来の誰かに検証されるのだ——古い言い方でいえば「お天道様が見ている」、そんな意識がどこかで必要なんだと思います。

望月　いつかは私たちも審判を受けるということですね。
『Ｈａｎａｄａ』編集長の花田紀凱氏が、週刊文春の編集長時代から公言していたと聞きましたが、とにかく「受ければいい、おもしろければいいんだ」と。真実かどうかとか、世の中にとっていいかどうか、それらを突き詰めて考えた上で後世の評価を仰ごうというのではなくて「いま受けるかどうか」。いま読者に受けて話題になればいい、そういう意識がベースにあるから、世の中で言われている事実や正義に対して「逆張り」してみせ、センセーショナルでありさえすればいい。そういう姿勢になるんだと思いますね。

永田　そういう方向にメディアが加担せず、よりよい社会にしていくために、ジャーナリストはどう振る舞えばいいと思われますか。

望月　他人がどうかとか、人からどう思われるかではなくて、自分の中にある素朴な疑問や、おかしいと思う気持ち、そういうものを大事にすることかなと思っています。事実を確かめて、自分の中で納得したと思えるまで疑問や関心を保ち続けること。

いまの社会がこんなふうでいいのか、いま声をあげるべきなのか。それに正直であれば、そんなにブレることはないと思うんです。右とか左とかではなくて。

世の中の人がメディアに求めるものって、公正さとか正義とか、真実を解き明かすこととか。ネットがこれだけ影響力をもつなかでも、取材して報道するマスメディアに期待されているものって、そういう素朴な価値だと思うんです。

何が正義で何が公正かというのは人それぞれの見方があって、単純に白黒を決めつけることはできませんが、そういう中でも自分の問題意識に正直に問い続けて、取材した事実を書き続ける。そうしていれば、どこかでその記事を見て共感してくれる人もいる。

それぞれの記者が自分の良心に基づいて報道を続けているなかで、少しずつ世の中はましなものになってくるし、メディアがそんなに変な方向に行くこともないんじゃないかって、素朴かもしれませんが思っています。

永田　それは、僕もとても腑に落ちますね。

ドキュメンタリー制作者として僕の師匠にあたる工藤敏樹さん（元NHKプロデューサー）がいつも僕たちに聞いていたのは、「君はいま何に怒っているんだ？」。それが番組を作るタネになるからと。怒りがすぐに番組になるわけではないけれど、世の中にある理不尽について何かおかしい、これではまずいという意識を抱き続けることで、番組になるテーマが見えてくる。だから、個人として「いま何に怒っているか」ということを意識し続けるのが大事なんだと、いつも言われていました。

望月　なるほど、怒りですね。

永田　だから僕も、いま学生に向かってそう聞いています。

望月　いまの若い人は、怒りを表に出すのが悪いことだと思っていますからね。

永田　そうなんです。摩擦を起こすことが悪だと思わされていますから。怒るというのは平穏な関係にさざ波を立てることだし、自分が目立ってしまう。でも、さざ波を立てるのが表現なんだから、と口を酸っぱくして伝えています。

望月　アメリカのホワイトハウスなどで取材してきた朝日新聞の尾形聡彦記者が、「帰国して、つくづく日本人はジャーナリズムに向いていないと思った」と言ったことがありました。たしかにそう言われても仕方ない部分はあります。「争い好まず」「長いものに巻かれろ」「水に流せ」など、日本人のいい面でも悪い面でもある気質が、権力に批判的であるべきジャーナリズムの世界では、きわめてマイナスに働いてしまうのかもしれません。

その行動が、誰かを勇気づける

永田　伊藤詩織さんが勇気をもって声をあげたことで、性暴力の被害者がどれだけつらい思いをし、それを隠そうとする人々がどれだけ醜悪なことをするかを白日の下にさらしました。そのことは、現在の財務省のセクハラ問題の告発にもつながっていますよね。

望月　今回告発した女性記者は、「詩織さんは勇気をもって告発したが、証拠がないと言われ不起訴相当になってしまった。今回、自分には音声データがある。詩織さんのように実名での告発はできないけれど、すべての女性にとって働きやすい社会にしていってほしい」

と言っているそうです。おそらく、ずっと前から被害にあっていて、我慢したときもあったのだと思いますが、詩織さんに勇気づけられて告発に至ったという面は強いと思うんですね。私自身も詩織さんへの取材と、あの司法記者クラブでの記者会見を見て大きく心を揺さぶられました。「傍観者でいるだけでいいのか」と。そうやって、いろんな人が「おかしいことはおかしい」と普通に声を出し、言うべきなんだと背中を押したのが詩織さんの告発だったと思います。

永田 世の中を悲観したくなるニュースも多い時代ですが、一方ではそうやって、社会は少しずつ理にかなった方向に動いている。

望月 最後はきっとそうなると思っています。それに逆行する動きも多々ありますが。基本的には、世の中の人の大多数は、いいものを目にしたいし、無意味な争いは見たくないし、正義や公正、多くの人との共存・平和を望んでいる。性善説というとまた批判されそうですが、本質的に人間はそういう社会や人間のありようを望んでいるし、それに向かって声をあげ、少しずつ進んでいくのが政治や社会の本来のありようなんだと思います。

永田 今日は本当にありがとうございました。これからもご活躍を期待しています。

II
公正な言論空間とは

第1章　「フェイク」と「ヘイト」のスパイラルに抗するには
――ファクトチェック実践の場としてのネット――

古田大輔
BuzzFeed Japan 編集長

はじめに

インターネット誕生前から、フェイクやヘイトに分類される情報は存在し、口コミや紙、電波で広がった。ネット時代となり、それはかつてと比べものにならないほどの拡散力を得た。本章では、ネットの発展がなぜ、フェイクとヘイトを煽るのか。それに対しメディアはどう対応してきたのか。国内のみならず、海外の事例も紹介する。

1　ネットにおけるフェイクとヘイト

日本で始まった本格的なフェイク&ヘイト

二〇一七年一月一七日、衝撃的な「ニュース」がネットで話題となった。「韓国、ソウル市日本人女児強

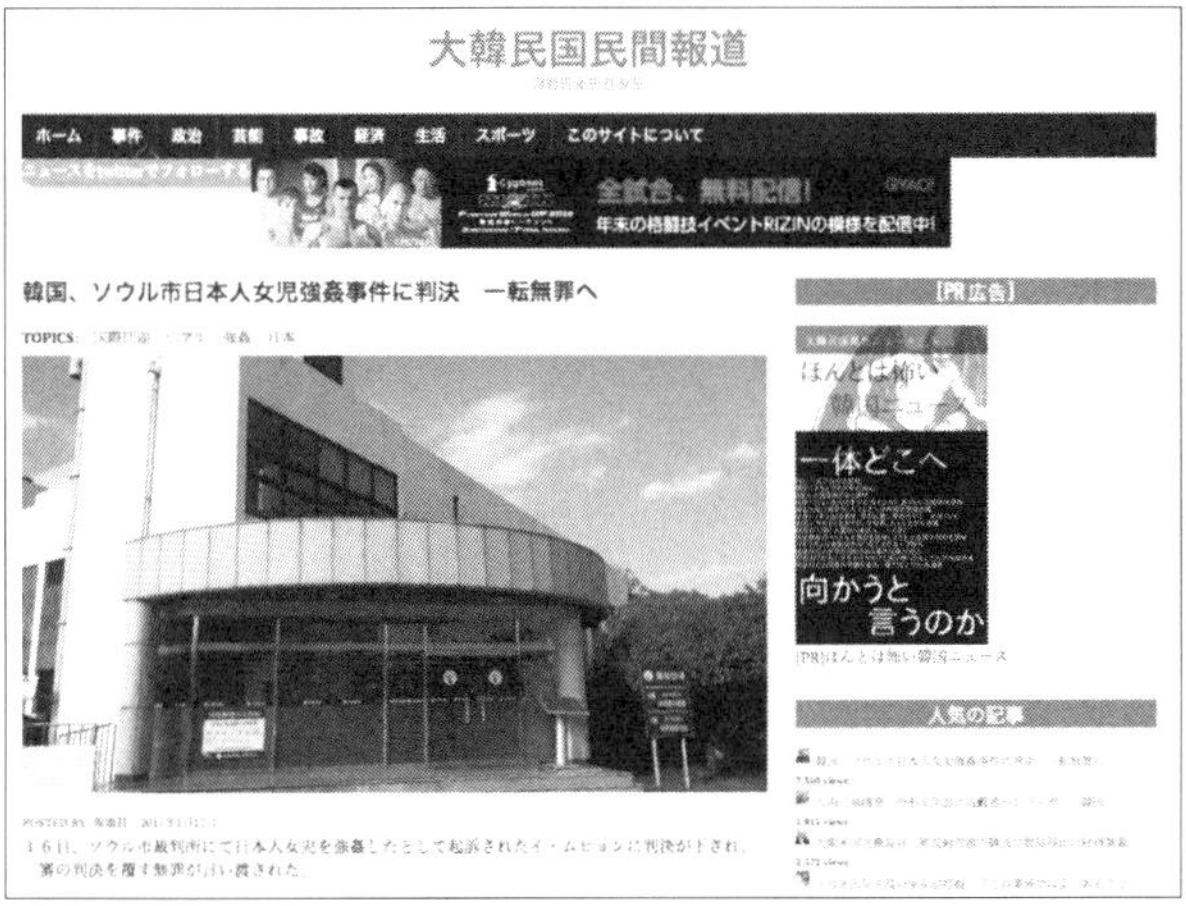

「大韓民国民間報道」のサイト（現在は削除）

姦事件に判決　一転無罪へ」という見出しの記事は、以下のように伝えていた。

〈ソウル市裁判所にて日本人女児を強姦したとして起訴されたイ・ムヒョンに判決が下され、一審の判決を覆す無罪が言い渡された。事件は二〇〇〇年に日本から観光を目的として訪れた四人連れ家族のうち、一一歳と九歳の姉妹がムヒョンに強姦されたというもの〉

〈キム・ジュン裁判長は「被告が真の犯人である可能性は極めて高く、他に犯人がいるとは考えられないが、被害者が日本に帰国したため罪を無理に罰する必要もなく、無罪が妥当と考えられる」と述べた。〉

女児強姦という凶悪事件で、犯人である可能性は高いのに「被害者が日本に帰国したため罪を無理に罰する必要もない」という理由で無罪判決が出たとしたら、大変な問題だ。この記事はフェイスブックやツイッターで「韓国の判決は許せない」と日本人ユーザーの怒りを呼び、一万件以上シェアされた。

私も知人がシェアしたこの記事を読み、疑問を感じた。こんな判決がありうるのか。なぜ、こんな重大ニュースを「大韓民国民間報道」という、見たこともないサイトが報じているのか。

バズフィードの記者が調べた。すると、不思議な点がいくつも見つかった。このニュースを報じている報道機関は他になかった。外務省に問い合わせたが、該当する事件の記録もなかった。「大韓民国民間報道」のドメインは、このニュースが配信された一日前に取得されたばかりだった。そして、サイトが掲載している記事には間違いなどが次々と見つかった。

バズフィードはすぐに「大量拡散の『韓国人による日本人女児強姦』はデマニュースか　サイトは間違いだらけ」[1]と題する記事を配信した。そして、このサイトの運営者を突き止め、直接会ってインタビューすることに成功した。

「ヘイトを煽る記事は拡散する」「小遣い稼ぎでやった」

サイト運営者は二五歳の無職男性で、サイト上に掲載されているすべてのニュースがでまかせであると認めた。フェイクニュースサイトだ。既存サイトの文章を真似し、ありもしないニュースを作る。慣れれば一本のフェイクニュースを書くのに二〇～三〇分しかかからなかったという。

なぜ、韓国をテーマにしたサイトにしたのか。彼自身は、韓国にも政治にもまったく関心がなかった。韓国を取り上げたのは、彼のマーケットリサーチによるものだった。彼は言った。「ヘイトを煽る記事は拡散する」と。バズフィードの記事[2]から彼の言葉を引用する。

〈韓国のネタはいま、日本のネット上で頻繁にやり取りされている情報です。拡散力も高い。それに、SN

Sで韓国について話題にしている人たちの情報には、すでに虚実が混ざっている状態でした。〉
〈それがフェイクであれ、韓国についてはどんな話題でも信じたいという思いの人、拡散してやろうという人がネット全体にいた。さらに、それを望んでいる人たちも。コンテンツを作りやすいですよね。〉
〈基本的に韓国のことを話題にする人たちが、拡散したいな、と思っている情報は二つあります。一つは、ヘイトを煽る記事。もう一つは、韓国のことを馬鹿にしたり、「やばいのでは」と言ったりできる記事です。〉

彼は意識的にヘイトを煽っていた。記事を拡散させるために。そして、その目的は政治的なものではなく、純粋にカネだった。

アメリカ大統領選が引き金に　ターゲットをねらい撃ち

サイトを設立し、広告を貼り付ければ、記事が一回見られる（一PV）ごとに広告収入がある。二〇分で作ったフェイクニュースでも、一カ月かけて調査した本物のニュースでも、一PVは一PVだ。

彼がこの手法を知ったのは、アメリカ大統領選のニュースからだった。米国バズフィードの調査報道「バルカン半島に住む一〇代たちがどのようにトランプ支持者たちをフェイクニュースで騙したか」[3]だ。アメリカから遠く離れた東欧マケドニアの若者たちが、小遣い稼ぎのために、トランプ陣営に有利でヒラリー陣営に不利なフェイクニュースを量産していたことを明らかにした。

彼はこのニュースを知り、自らもフェイクニュースで金を稼ごうとした。彼が韓国を嫌う人たちをターゲットに選んだ点も、アメリカ大統領選でのフェイクニュースの拡散の仕方とよく似ている。どういう点が似ているのか。

アメリカ大統領選では、トランプ氏に有利なフェイクニュースが大量に出回った。二〇一八年現在、これらのフェイクニュース拡散の背景のひとつとして、ロシアが大統領選に干渉し、トランプ氏ともつながりがあったのではないかとして捜査が進んでいる。だが、それ以外にも理由がある。トランプ氏に有利なフェイクニュースを作った人たちは、トランプ支持者たちのほうがフェイクニュースを信じやすく、拡散させると述べている。「大韓民国民間報道」の男性と同じだ。「マーケットニーズ」に応えるフェイクニュースということだ。

AとBという陣営が対立しているときに、A陣営に有利な（もしくはB陣営に不利な）フェイクニュースをA陣営を支持する人たちに流す。そうするとA陣営の人たちはそれを喜んで拡散させる。「見てくれ、これが既存メディアでは報じられない真実だ」と。

「大韓民国民間報道」の場合、フェイクニュースを拡散させるために、運営者の男性は、在特会元会長の桜井誠氏をねらった。桜井氏が設立した在特会は「韓国・朝鮮人を日本から追放しろ」などと過激な言動で知られる。男性は次のような手順で、桜井氏をフェイクニュースの拡散に利用した。

まず桜井氏がツイッターでフォローしている人（Aさん）を探す。Aさんをフォローする。Aさんから逆にフォローされた上で、フェイクニュースを流す。Aさんがリツイートしてくれたら、こっちのものだ。Aさんのリツイートを桜井氏が見れば、韓国に批判的な桜井氏のこと、この種のニュースを拡散させる可能性は高い。

よく考えられた作戦だ。いきなり桜井氏をフォローしても、多数のフォロワーを持つ桜井氏がフォローを返してくれる可能性は少ない。間にもうひとり挟むことで、情報の拡散経路を強くする。実際に桜井氏は、このフェイクニュースを「これこそヘイトです。日本人は強姦大国韓国に行くべきではありません」という文言とともにツイートし、二〇〇〇件以上リツイートされた。

「フェイク」と「ヘイト」のスパイラルが加速している

対立する陣営の一方に有利なフェイクニュースを流すと、拡散力が増す。フェイクニュースの作り手たちはそれを知っている。対立を煽り、ヘイトを増幅するようなフェイクニュースが多い理由のひとつだ。ヘイトがフェイクを拡散させる味つけになり、そのフェイクが社会を分断させ、異なる「陣営」に対するヘイトを生み出す。フェイクとヘイトの負のスパイラルだ。

このような事例は日本において「大韓民国民間報道」に限らない。このサイトはバズフィードの報道後に閉鎖されたが、フェイクやヘイトを流すサイトはいまも大量に存在する。サイトだけではない。ツイッターやフェイスブックのアカウント、個人、新聞やテレビでも、事実と大きく異なるニュースを流し、ヘイトを煽っている事例がある。

フェイクやヘイトというとネットが槍玉にあげられることが多いが、ことは単純ではない。たとえば二〇〇八年にまとめられた「災害教訓の継承に関する専門調査会報告書」(4)では、一九二三年に発生した関東大震災における朝鮮人虐殺事件で、流言つまりはフェイクが広がり、殺傷などのヘイトクライムが発生したことを記している。ネットがなくともフェイクやヘイトは広がる。では、ネット以前と以後で何が変わったのか。それは拡散の速度と広がりだ。

最初はネットの登場。誰もが情報の受信者であり、同時に発信者でもある時代になった。次にスマートフォンの普及。いつでもどこでも情報の受発信ができるようになり、情報の生態系は紙やテレビの時代よりも圧倒的に広がった。そして、フェイスブックやツイッターに代表される、ソーシャルなつながりの上に成り立つプラットフォーム＝ソーシャルメディアの発展だ。

この三段階の発展によって、フェイクニュースは現実のニュースを上まわる拡散力をもつようになった。バズフィードの調査報道[5]は、二〇一六年のアメリカ大統領選の終盤に、フェイスブック上では主要メディアによる本物のニュース以上にフェイクニュースが拡散していたことを明らかにした。それらの多くは陣営の対立を煽り、ヘイトを増幅させていくものだった。

また、二〇一八年三月に公開された研究「The Spread of True and False News Online[6]（オンラインでの真実と嘘のニュースの拡散）」で、ツイッター上でのニュースの拡散を調べたところ、嘘のニュースは真実のニュースより七〇％高い確率でリツイートされていた。とくに、斬新で奇抜な嘘ニュースほどリツイートされる確率が高かったという。正確で淡々と記された真実よりも、斬新で奇抜な嘘を好む。情報の受け手の態度もまた問われている。

2　フェイクニュースとはそもそも何なのか

「フェイクニュースは複雑だ」

フェイクやヘイトを拡散させないために、何が求められるのか。まず必要なのは「フェイクニュースとは何か」という定義ではないだろうか。トランプ大統領は、自分に批判的なメディアに「フェイクニュース」とレッテルを貼る。筆者が所属するバズフィードもそう呼ばれたことがある。自分と意見が合わないニュースをフェイクニュースと決めつけ、端から信用しない。これでは対立を煽り立てるだけだ。フェイクがヘイトを生み出す構図と変わらない。

フェイクニュース対策に取り組むプロジェクト「ファーストドラフト」の戦略リサーチディレクター、クレア・ウォードル氏は「Fake News. It's Complicated.(7)（フェイクニュースは複雑だ）」と題した記事で、こう指摘している。

〈フェイクニュースという用語が役立たずだということは、すでに皆が同意している。しかし、他に代用する言葉がなければ、嫌な気持ちになりながらも、「いわゆる」という括弧つきでフェイクニュースという用語を使わざるをえない。代わりとなる言葉を見つけるのが難しいのはなぜか。それは、フェイクニュースが単にニュースに限らず、情報の生態系全体にかかわるものだからだ。〉（引用者訳）

フェイクニュースという用語の問題は、レッテル貼りで対立を煽り立てるというだけではない。「ニュース」という言葉だ。ウォードル氏が指摘するように、フェイクニュースは単に「ニュース」の問題ではない。フェイクはしばしば、ニュースでもなんでもないネット上の匿名の書き込みから始まる。ネットだけの話でもない。時にはそれが、新聞のような主要メディアに取り上げられることで拡散されることもあるし、逆に新聞記事の誤読がデマを誘発することもある。冗談や作り話で読者を楽しませるパロディ記事を、本物のニュースと間違えて誰かがツイートすることで「デマ」として広がる例もある。

悪意から始まるだけでなく、単に知識がなく、善意で拡散してしまうデマも存在する。すべてのフェイクニュースがヘイトから生まれたり、拡散したりするわけではないことには注意が必要だ。そうでなければ、自分自身が善意から、フェイクとヘイトを拡散しかねない。

「事実ではない情報」の六分類

バズフィード・ジャパンは二〇一七年の総選挙の際に、政治家の発言やメディアの報道、ネット上の書き込みなどを検証する「ファクトチェック」を実施した。その際、最初に掲げたのが「事実ではない情報」の六分類だ。[8]なぜ「フェイクニュース」ではなく「事実ではない情報」という回りくどい言い方をするのかは後述する。

1　誤情報……取り上げられた事実や事象に誤りのある情報
2　偽情報……取り上げられた事実や事象がそもそも存在しない情報
3　不正確な情報……取り上げられた事実や事象に誤りがあるとまでは言えないが、正確ではない情報
4　ミスリーディングな情報……取り上げられた事実や事象に誤りがあるとまでは言えないが、見出しや表現の仕方で誤解を生じさせかねない情報
5　根拠のない情報……取り上げられた事実や事象に誤りがあるとは言えないが、それが事実であると証明する根拠がない情報

6　風刺や冗談……取り上げられた事実や事象はそもそも存在しないか、大幅に脚色されているが、風刺や冗談であり、人を騙す意図はない情報

実際には1と3や、3と4の間で厳密な区別をするのは難しい。しかし、このような分類をしておくことで、何がどのように誤っているのかを、よりわかりやすく説明することが可能になる。ある情報を「フェイク」「誤報」と指摘する場合、どこがどのように間違っているか、客観的に根拠を示しながらわかりやすく説明する必要がある。それが不十分では検証への信頼を欠く。

この章の冒頭で紹介した「大韓民国民間報道」は「偽情報」にあたる。金銭を得るために故意に嘘をつく、完全なフェイクニュースだ。だが、実際には「事実ではない情報」はそれだけではない。新聞社やテレビ局が誤報を流すこともあれば、政治家が正確とは言いがたい発言をし、それを新聞やテレビがそのままニュースとして報じることもある。それらをすべて「フェイクニュース」と言うのは無理がある。トランプ大統領がCNNを「フェイクニュース」と呼ぶように。だから、フェイクニュースではなく「事実ではない情報」の六分類としている。

アメリカでさかんに実施され、日本でも徐々に広がるファクトチェック（事実の検証）は、もともとフェイクニュースが対象というよりは、政治家などの発言を検証するものだ。しかし、世間には不正確な政治家の発言だけでなく、政治家の発言の不正確な引用や、恣意的な編集や捏造をした記事やツイートが溢れている。まさに「フェイクニュースは複雑だ」と言うしかない状況にあり、あらゆるものがファクトチェックの対象となる。以下、二〇一七年の総選挙でバズフィードが取り組んだファクトチェックの実例を見ていく。

安倍首相の発言は「ミスリーディング」だった

【検証】安倍首相『ほとんどの教科書に自衛隊が違憲と記述』は本当か[9]」は、安倍首相の発言を検証したものだ。バズフィードでは、この発言は「ミスリーディング」だと結論づけた。以下、記事から検証過程を紹介する。

安倍首相は憲法改正、とくに九条の改正を訴える際に「ほとんどの教科書に自衛隊が違憲であるという記述がある」と説明をしていた。たとえば、選挙戦が始まる直前の二〇一七年一〇月八日には、ネットＴＶ「ＡｂｅｍａＴＶ」でこう語っている。

〈「君たちは違憲かもしれないけれど、命を懸けろ」ってこれは通りませんよ。かつ、先ほどおっしゃったように憲法学者が朝日新聞の調査で自衛隊が合憲だと言い切ったのは二割です。違憲の疑いがある、合憲とは言い切れないという人たちが七割くらいいるんですね。**だから、ほとんどの教科書に自衛隊が違憲であるという記述があります**。東北なんかで採用されている教科書はほとんどそうですね。あれだけ東日本大震災で命懸けで頑張った自衛官の子どもたちは、この教科書で勉強するんですよ。〉

バズフィードはまず、文部科学省に問い合わせた。担当者は「事実関係として、自衛隊が違憲であると断定的に書いた教科書はありません」と断言した。学校教育法に基づいた検定に合格した、小学校から高校までの教科書に「自衛隊が違憲」と断定的に書いた教科書はないという。

ただし「憲法違反ではないかという一部の意見は、政府の見解と合わせて『一方で』や『主張もあります』

という書き方がされています」と担当者は説明した。つまり、憲法九条から考えると自衛隊は違憲ではないかという見解が一部にある事実を紹介している、ということだ。

担当者は、政府の見解とは異なる意見を掲載していることについて「文部科学省が載せるよう指示しているわけではありません。教科書会社がそれぞれ、きちんと問題に対してアプローチしているからこそ載せてあるんです」と説明した。

文科省によると、自衛隊と憲法について記述があるのは中高の三教科。中学校三年生の「公民」、高校の「政治・経済」「現代社会」だ。バズフィードは二〇一七年度に使用されるすべての教科書を読んだ。結果、文科省の担当者が説明した通り、すべての教科書において「自衛隊は違憲」と断定的に書いてあるものはなかった。「憲法違反という意見もある」などと付属的に書かれているだけだ。これでは首相の発言と随分と印象が違う。具体的に見てみる。

〈憲法の下で自衛のための実力が持てるのかという議論がなされてきました。政府は、自衛のための必要最小限度の実力を持つことは憲法上許されると解釈し、憲法九条に違反しないものと考えています。〉（育鵬社『中学　公民』）

〈歴代の政府は、「自衛のための必要最小限度の実力」を保持することは、「戦力」ではない、という見解にたっています。一方で、国民の中には、自衛隊は憲法に違反するという主張もあります。〉（教育出版『中学公民』）

〈自衛隊は「戦力」であり憲法に違反するとの主張がある一方で、政府は、専守防衛を基本方針とする自衛隊は「自衛のための必要最小限度の実力」であって、第九条で禁じている「戦力」にあたらないという見解をとっている。最高裁判所は自衛隊の合憲・違憲については判断を下していない。〉（山川出版社『高校　現代社会』）

〈現在の政府は、戦力とは、自衛のための必要最小限度をこえる実力をさすものであり、自衛隊は戦力にはあたらないという見解をとっている。これに対して、戦力とは社会の安全を守るための警察力をこえるものであり、自衛隊は戦力にあたるという意見もある。〉（第一学習社『高校　新現代社会』）

自衛隊は「自衛のための必要最小限度の実力」という政府解釈を説明した上で、違憲という主張もあると書いている。この記述をもって「違憲と書いている」と断定的に発言すれば、「教科書には合憲ではなく違憲と書かれている」と誤解しかねない。実際に誤解している人もいた。これらの取材からバズフィードは、安倍首相の発言は嘘だとは言えないが、ミスリーディングと判断した。

「安倍首相が選挙監視団を拒否した」という嘘

次に、ブログから拡散した「安倍首相が国連の選挙監視団を断った」という情報を検証した例。これは完全な偽情報だった。そもそも国連の選挙監視団とは、紛争地域などで、関係国政府の要請を受けて派遣されるものだ。要請するから来るのであって、拒否はありえない。

国連広報センターにバズフィードが問い合わせたところ、「治安が悪く、秩序がない国などで民主的な選挙のプロセスを支援しています。日本のように、法の支配と秩序が確立された先進国に監視団を出すことは、国連の立ち位置としてありえない話です」と返答があった。

このブログには「二〇万票の無効票を、ムサシでつくりだして総理になったのは安倍晋三です」「プラスティック用紙にエンピツで書かせる。それを原発再稼働目的(原文ママ)なムサシで消して無効にして、総理になったのが安倍晋三」とも書かれており、首相に批判的なことがわかる。

「ムサシ」とは、投票用紙の自動分類装置や投票箱、投票用紙などを製造・販売する会社だ。選挙のたびに「不正選挙の温床となっている」という怪情報が飛び交う。事実であれば由々しき事態だが、投票所・開票所ともに、自民党だけでなく各政党の関係者や報道陣、有権者が目を光らせている。大規模な不正が立証されたことは、いまだかつてない。

3　フェイクやヘイトと闘うメディア

ファクトチェック団体の存在

バズフィードは、これらの総選挙のファクトチェックにおいて他団体と協力した。メディア関係者や有識者が設立した「ファクトチェック・イニシアティブ」（FIJ）だ。

元産経新聞記者で、弁護士として活動しながらメディアの誤報をチェックする「日本報道検証機構」を運営してきた楊井《やない》人文《ひとふみ》さんらは、海外のファクトチェックの動向を研究し、その普及啓発をめざしてFIJを設立した。その最初の実践が総選挙におけるファクトチェックだった。FIJは新聞やテレビ、ネットメディアなど幅広く参加を呼びかけた。突然の選挙で準備期間が短かったこともあり、参加したのはバズフィード・ジャパンを含むネットメディア四団体だった。

フェイクニュースやファクトチェックという言葉が日本でも語られるようになったのは、二〇一六年のアメリカ大統領選がきっかけだ。その翌年、二〇一七年一〇月に実施された日本の総選挙でもフェイクニュースが広がるのではないか、という懸念をもっていた人たちは少なくなかった。

だが、何年も前から政治家の発言やフェイクニュースなどの検証がさかんだったアメリカなど諸外国と違い、日本にはそのノウハウをもつメディアはほとんどなかった。ファクトチェックという名前で継続して記事を書いていたのは、朝日新聞の事例が目立つぐらいだ。

米国バズフィードでは、フェイクニュース検証や政治家発言のファクトチェックが以前からさかんだった。アメリカ大統領選でフェイクニュースを調査したクレイグ・シルバーマンを中心に、手法も研究してきた。だがバズフィード・ジャパン編集部は五〇人に満たず（二〇一八年三月現在）、その中で政治などのニュースを書く記者は十数人のみだ（同）。一方で、朝日新聞など全国紙には二〇〇〇人を超える編集局員がおり、その取材網は国内外、政官財の中心にまで根を張っている。膨大なデータベースや予算、機材など、すべてがネット専業の新興メディアを上まわる規模だ。新聞だけでなく、テレビや出版など、歴史ある大メディアがファクトチェックに取り組んでいくことが、フェイクやヘイトの蔓延を止める鍵になる。その実例として、海外に目を向けてみる。

海外の実例は

先ほども紹介したファーストドラフトは、情報検証を実践するメディアやテクノロジー企業などのコミュニティを形成している。サイトを見ると、たとえばアメリカでは六一団体がこのコミュニティに登録されている。ニューヨーク・タイムズやワシントン・ポスト、CNNなど国を代表する新聞やテレビのほか、私が所属するバズフィードやViceのような新興ネットメディア、フェイスブックやツイッター、グーグルなどのテクノロジー企業の名前もある。

では、日本はどうだろう。FIJと、大学の研究者らでつくる日本ジャーナリスト教育センター（JCEJ）の名前があるだけだ。メディアはひとつも登録されていない。

「クロスチェック」のウェブサイト

アメリカだけが突出しているわけではない。二〇一七年、大統領選があったフランスを見てみる。

フランスでも大統領選を前に、フェイクニュースへの懸念が高まっていた。それを受けて始まったプロジェクトが「クロスチェック」だ。選挙に関して怪しげな情報を見つけた人がクロスチェックのサイトに通報すると、登録しているメディアがその情報を検証しあい（クロスチェック）、その結果をサイト上で公表するという仕組みだ。このプロジェクトには、フランスとイギリスの三七のニュース機関が協力した。ジャーナリズム業界の中で、フェイクニュースへの危機意識が広がっていたことがわかる。

もうひとつ強調しておきたいのは、アメリカでもフランスでも、新聞・テレビ・ネットメディアの区別なく参加していることだ。新聞社やテレビ局のネットへの本格進出が遅れた日本では、いまも「新聞は新聞。テレビはテレビ。ネットはネット」と区別する意識が強い。しかし、ネットが右肩上がりでユーザー数と視聴時間を伸ばす一方、紙媒体の購読者は減り、若年層はテレビからも離れる。新聞もテレビもサイトを持ち、ネットで情報発信をする時代だ。フェイクやヘイトはネットでシェアされ拡散する。それに対抗するには、新聞、テレビ、ネットの別なく、インターネット上で情報の検証に取り組む必要がある。

分断を生み、そしてつなげるインターネット

私は二〇〇二年に朝日新聞社に入社し、社会部、海外勤務、デジタル編集部を経て二〇一五年にアメリカ生まれのインターネットメディア、バズフィードに移った。その中で、紙媒体に頼る新聞メディアとネットメディアの大きな違いを痛感させられた。それはユーザーデータの分析だ。

インターネットでは、どういうユーザーがどの記事をどれだけ読むか、その記事をシェアしてくれるか、などが正確にわかる。一方で紙媒体は、そういうデータがまったく得られない。「この記事は読まれそう」という憶測を社内でするしかない。

フェイクニュースを拡散させようとねらう人たちは、「大韓民国民間報道」やアメリカ大統領選の事例を見ればわかるように、ネット上のユーザーの声を調べる「マーケットリサーチ」をした上で、人々の憎しみや対立を刺激し、フェイクとヘイトのスパイラルを利用する。

バズフィード・ジャパン編集部では、つねに三つのレイヤーで戦略を考える。どう記事を作るかという「コンテンツ戦略」。それを誰に、どのように届けるのかという「ディストリビューション戦略」。そして、それをユーザーにどのように活用してもらうかという「エンゲージメント戦略」だ。

「俺はうまい寿司を握っている。黙って食え」という昔気質の寿司屋と、マーケティングを駆使して安くて良いものを生産し流通させる回転寿司屋があるとする。昔気質の寿司屋が、回転寿司屋に味や品質で勝ったとしても、規模で勝つことはまずないだろう。「フェイクニュースは質が悪い。信じるのは一部だ」という人に、メディアやジャーナリズムの業界でよく会うが、どれだけのフェイクが日本のネット上で拡散しているか知らないのではないだろうか。

かつて、ネットは人と人をつなげると期待された。しかし実際は、近しい人どうしを近づけるが、そうではない人たちの間には分断する力が働いた。保守主義者は保守主義者、リベラルはリベラルで集まっていく「極性化」と呼ばれる力だ。フェイクやヘイトはネットだけでなく、紙やテレビからも発信される。しかし、それがシェアされ拡散していく場所はネットだ。であればこそ、分断を乗り越えてふたたび人を近づけ、つなげる努力もネット上でなされる必要がある。

幸いなことに、紙やテレビと違ってネット上では情報が保存される。一度、印刷されたり放送されたりすると流れ去ってしまう紙やテレビと異なり、ネット上では情報が残るからこそ、検証も比較的容易になる。ネットは社会の分断を深めた。しかし、その分断を克服する力も持つ。フェイクニュースの戦場は、ネット上にある。

注

（1） https://www.buzzfeed.com/jp/kotahatachi/korean-news-xyz（BuzzFeed Japan 二〇一七年一月二五日）

（2）「韓国デマサイトは広告収入が目的　運営者が語った手法『ヘイト記事は拡散する』」（BuzzFeed Japan 二〇一七

年一月二七日）https://www.buzzfeed.com/jp/kotahatachi/korean-news-xyz-2

（3）"How Teens in the Balkans are Duping Trump Supporters with Fake News"（BuzzFeed 二〇一六年一一月四日）https://www.buzzfeed.com/craigsilverman/how-macedonia-became-a-global-hub-for-pro-trump-misinfo

（4）http://www.bousai.go.jp/kyoiku/kyokun/kyoukunnokeishou/rep/1923_kanto_daishinsai_2/index.html

（5）"This Analysis Shows How Viral Fake Election News Stories Outperformed Real News on Facebook"（BuzzFeed 二〇一六年一一月一七日）https://www.buzzfeed.com/craigsilverman/viral-fake-election-news-outperformed-real-news-on-facebook

（6）http://ide.mit.edu/sites/default/files/publications/2017%20IDE%20Research%20Brief%20False%20News.pdf

（7）https://firstdraftnews.org/fake-news-complicated/

（8）「真偽が危ういフェイクニュース時代の総選挙　日本でもファクトチェックが始まった」（BuzzFeed Japan 二〇一七年一〇月一〇日）https://www.buzzfeed.com/jp/daisukefuruta/fake-vs-fact-check-in-japan

（9）https://www.buzzfeed.com/jp/kensukeseya/factcheck-1（BuzzFeed Japan 二〇一七年一〇月二〇日）

第2章 「日本スゴイ」の幻想と現実
——心理的プロセスに注目して——

香山リカ
精神科医、立教大学教授

1 溢れかえる「日本スゴイ！」の声

世界が日本（のウソ）に驚いている？

「COOL JAPAN～発掘！ かっこいいニッポン」「のどじまん ザ！ ワールド～世界が歌う日本の名曲選手権」「ホムカミ～ニッポン大好き外国人 世界の村に里帰り」「これぞ！ ニッポン流！」「You は何しに日本へ？」「和風総本家」「世界が驚いたニッポン！ スゴ～イデスネ!! 視察団」。

これらは、この二年間、日本の地上波（NHKおよび民放各局）で放映された「日本」をテーマにした番組の一部だ。興味深いのは、ほとんどが「海外から見た日本」という切り口で、外国人旅行者や日本居住者が、日本のいずれかの場所あるいは料理、歌などを手放しで礼賛する……という構成になっていることだ。中には、「私の国にはこんな素晴らしいものはありません」と、自国の文化や技術と比較して、日本のそれがいかに優れているかを語る外国人もいる。それを見ている視聴者は、「世界から見ても日本はスゴイ国なんだ」と心地よさを感じるのか、これらの番組はいずれも高視聴率だという。

テレビ番組だけではない。二〇二〇年の東京オリンピックに向け経済産業省は、日本の「感性」や「価値観」を世界に向けて発信するためのコンセプトブック『世界が驚くニッポン！』を二〇一七年三月八日に発表した（現在も経産省ウェブサイトからダウンロード可能）。

経産省の説明によると、このコンセプトブックは「日本人独特の自然観から導かれる概念を説明し、日本人の感性を表すキーワードの一例、『突きつめる』『学びとる』『合わせる』『源をいかす』『思いをよせる』を紹介」するものだという。

これもまた先のテレビ番組と酷似した構成になっている。たとえば、その冒頭の特集「世界は、日本に驚いている！」には、「あなたは日本がこんなにも注目されていることを知っていますか？」というコピーが掲げられ、「外国人旅行者に対してオープンで親切。しかもその見返りを求めない（フランス）」「寿司も和食もラーメンも、食べ物の盛り付け方がとにかく美しい（インドネシア）」などと、外国人の絶賛コメントが並ぶのだ。もちろん否定的なコメントはひとつもない。そして、日本を礼賛しているというフランス人やインドネシア人は写真も名前も掲載されておらず、次に記すようなずさんな記述を見ると、その実在さえ危ぶまれてくるのである。

実は、外国人たちの無邪気ともいえる礼賛コメントだけならまだしも、このコンセプトブックには〝明らかなウソ〟までが書かれているのだ。「『外なる自然』と『内なる自然』が日本人のコンセプト」という特集には、「『虫の音』を音楽や機械音、雑音などと同じように右脳で聴く外国人に対し、日本語話者は左脳で聞く」なる文章があるのだが、この「右脳と左脳は機能が違う」というのは典型的な非科学的俗説として、二〇〇九年の経済協力開発機構（OECD）による報告書でも注意喚起がされている。この報告書はのちに書籍化され邦訳もある（OECD教育研究革新センター『脳からみた学習　新しい学習科学の誕生』明石書店、二〇一一年）。

皮肉めいてしまうが、「日本人の素晴らしさ」として、ここまで非科学的なウソを堂々と書くことに、まさに「世界が驚く」のではないだろうか。「堂々たるウソ」といえば、二〇一三年、オリンピック招致のプレゼンテーションの際、安倍総理が「フクシマについて、お案じの向きには、私から保証をいたします。状況は、統御されています。東京には、いかなる悪影響にしろ、これまで及ぼしたことはなく、今後とも、及ぼすことはありません」（首相官邸ウェブサイトより）と言ってのけ、当時タンクからの汚染水漏れが連日のように報道されていたなかだったこともあり、国内の多くの人が仰天したことがあった。

どんなウソをついてでも、「日本スゴイ！」とアピールしたい。多少のフェイクがあってもよいから、世界から「日本スゴイ！」と言われたい。なぜそこまでしなくてはならないのか。

本当は日本はスゴくない？

では、毎晩のように放映される日本礼賛番組や、経産省が頒布に力を入れるコンセプトブックにあるように、本当に日本は世界に比べて、ありとあらゆる面で卓越しているのだろうか。もちろん、そういう点がまったくないとは言わないが、数字で見るとむしろ相対的な地位は低下しつつあると考えられる。

たとえば国内総生産（GDP）はアメリカ、中国に次ぐ世界第三位となっているが、アメリカは日本のおよそ四倍、中国はおよそ二倍となっており、成長率では日本は一九九〇年代からほぼ横ばいなのに対し、中国は二〇倍、アメリカでも三倍だ。このまま行くと、二〇三〇年には日本のGDPはインドに抜かれ世界第四位となり、二〇五〇年にはさらに後退すると見られている。

また、イギリスの高等教育専門誌が毎年発表する「世界大学ランキング」の最新版を見ると、ベスト一〇はアメリカやイギリスのいわゆる名門校で占められており、アジアのトップは二二位のシンガポール国立大学だ。中国勢では、北京大学と清華大学が前回より順位を上げ、それぞれ二七位と三〇位につけ、二〇〇位以内に七校がランクインするなど躍進が目立つ。それに対して、日本のトップは東京大学の四六位、次いで京都大学の七四位。二〇〇位以内はこの二校にとどまった。

また、二〇一七年に世界トップレベルの科学誌『Nature』が「ネイチャー・インデックス二〇一七 ジャパン」という特集を組み、同誌や『サイエンス』誌など世界の主要な六八の科学誌に掲載された二〇一六年の論文数を分析した結果、二〇一二年と比較して中国が四七・七％、イギリスでも一七・三％それぞれ増加したのに対し、日本は四年間で八・三％減少と、大きく後退したことが報告された。

ここに挙げたのはほんの一部の例なのだが、これまで日本に冠されてきた「経済大国」「教育大国」「科学技術大国」などの名称を、返上しなければならないような事態が起きていることは明らかなのではないだろうか。

こういった〝地盤沈下〟は、いまになって始まったことではない。また、これらは日本の単なる怠慢や努力不足の結果として起きただけではなく、アジアの中でトップを走り続けた先進国が、その地位を新興国に譲るときがやってくるのは宿命とも言えよう。

しかし、こういった世界の中での相対的な地位低下を予想できなかったこと、それに合わせた社会の見取り図の描き換えができなかったこと、つまり停滞、低下、後退をひたすら「敗北」あるいは「悪」と考えて、それから目を背けたり排除したりしようとしたことに、大きな問題があったと考える。

とはいえ、現実はどんどん日本が考える「敗北」や「悪」の方向に進んでいく。そこから目を背け、「そんなはずはない」と事実を受け入れず「否認」するためには、どうするか。そこで日本が選んだことこそが、「日本は少しもマズくなんかない！　こんなにスゴイんだ！」と、まったく逆のベクトルに気持ちを向けることだったのだ。その萌芽は九〇年代から始まったと筆者は考えている。次節では、その九〇年代の日本に何が起きたのかを振り返ってみたい。

2　一九九〇年代の日本で何が起きたのか

バブルが崩壊した！

アメリカに次ぐ世界第二位の経済大国の名をほしいままにしてきた日本。その日本に、九〇年代になって「バブル崩壊」という名の金融破綻と、それに続く長い不況の時代がやってきた。

この「バブル崩壊」が正確にいつを指すかにはいろいろな説があるが、一般的には一九九一年三月から九三年一〇月にかけての景気後退期がそう言われることが多いようだ。「バブル崩壊」は、二〇〇八年の「リーマンショック」のようにひとつのできごとに象徴されるような事象ではなく、株価は一九八九年ごろから下落傾向にあったなか、九〇年代になって土地の値段も下がり始め、次第に「不況」を認めざるをえなくなった。それがバブル崩壊なのだ。

株や土地の売買に直接携わっているわけではない一般の人たちにとっては、就職難や、おなじみの金融機関や企業の倒産などで「本当に不況なんだ」と実感できたのは、九三年、いや、さらにそのもっと後だったかもしれない。

この「バブル崩壊は突然に訪れたわけではない」ということが、私たちが「日本経済はもうスゴくない」という事実を受け入れられず、そこから目を背ける「否認」という心的防衛メカニズムの作動を起こすのに一役買ったと思う。ダメージがじわじわとやってきたために、「これは一部の不動産会社の話だ」とか「またすぐに回復するだろう」という楽観的な見通しが続き、「もう高度成長期やバブル期の日本ではないのだ」と事実を直視することができなかったのではないか。

しかし、それぞれの立場で時間差はありながらも、九四年ごろまでには多くの人たちが「どうもこの不況は一過性のものではないようだ。日本経済はスゴイのではなくてマズイのではないか」と認めざるをえなくなっていたはずだ。

九五年の二つのできごと

日本に立ち込めた暗雲を否認しようにもしきれなくなってきた九五年、日本を決定的な二つのできごとが襲う。

ひとつは、一月一七日の阪神淡路大震災だ。この大震災は六四〇〇人を超える死者、四万四〇〇〇人あまりの負傷者を出すという大きな人的被害をもたらすものであったが、それと同時に、地震の中心地が神戸市であったことも忘れてはならない。神戸は日本を代表する都市のひとつであり、独自の文化が花開き、多くの旅行者が訪れる観光地でもあった。

一九八〇年に発表した『なんとなく、クリスタル』が注目を集め、多くのガールフレンドたちとの交流を含めた日常を赤裸々に描く「ペログリ日記」を『噂の眞相』に連載していた作家の田中康夫氏も、この震災に大きな衝撃を受けたひとりだった。田中氏のガールフレンドの中には神戸出身あるいは在住の女性もおり、ともに市内や近郊のホテルやレストランなどを訪ねる機会も多かったからだ。

田中氏は震災直後から神戸市に赴き、バイクに乗って最初はガールフレンドたちの安否を尋ね、物資を運び、次第により多くの被災者へのボランティア活動に打ち込むようになる。その後、政治の道に足を踏み出す田中氏だが、そのきっかけとなったのは、この阪神淡路大震災でのボランティア活動であることを自らも認めている。

神戸市を直撃した大震災はこのように、多くの人の旅の思い出にまで傷をつけるものであると同時に、「日本の大都市ほど安全で治安のよいところはない」という日本の〝安全神話〟をも脅かすものであった。それまで、天災はどちらかというと地方の山間部や沿岸部などに起きるものと考えられていたのに、神戸のような大都市に住んでいても、ビルが崩れ、高速道路が横転し、火災で住宅が焼き尽くされる、といった被害にあうかもしれないのだ。これは、自分の国を飲み込む不況を認めつつあったすべての日本人に、大きな心理的ショックを与えたと思われる。

そしてさらに、三月二〇日には東京で、オウム真理教による地下鉄サリン事件が起きる。

午前八時すぎ、多くの通勤客を乗せた地下鉄三路線五車両の中で、猛毒の化学物質サリンが散布され一三人が死亡、六〇〇〇人が負傷するという大惨事が起きた。しかも、この恐ろしいテロ事件を起こした宗教団体・オウム真理教には、弁護士、医師、東大卒の研究者など、いわゆるエリートたちも多く在籍していた。——日本で何が起きているのか。もしかして、安全で安心で、誰もがまじめに働き、経済的な繁栄を誇る、これまでの日本ではなくなってしまったのではないのか。九〇年代に入って立て続けに起きた金融危機、大震災、そして都心でのテロにより、経済にとどまらず「日本はもうスゴくない。というより、これはいよいよマズいようだ」と気づきかけた人たちもいた。しかし社会全体としては、どうしてもそれを認めるわけにはいかなかった。

そこで、そういう状況から目を背け、現実を受け入れず「否認」するために、人々は新しい動きに飛びついたのである。その代表が、以下に述べる二つだ。

「つくる会」と『戦争論』に癒された

阪神淡路大震災と地下鉄サリン事件を経験した日本で、新しい動きが起きた。

ひとつは九六年の「新しい歴史教科書をつくる会」（以下「つくる会」と表記）の結成、もうひとつは九八年の『新・ゴーマニズム宣言SPECIAL　戦争論』（幻冬舎、以下『戦争論』と表記）第一巻の出版である。

「つくる会」の中心となったのは教育学者の藤岡信勝氏である。藤岡氏は、湾岸戦争までは日本共産党員であったそうだが、その後「冷戦終結後の新しい日本近代史観確立」の必要性を感じて保守論客に転進を遂げた。そして、学校で使われている既存の歴史教科書は、日本を貶める「自虐史観」に毒されていると批判し、それに代わる「独自の自由主義史観」に基づく教科書が必要だと提唱した。その動きに文学者の西尾幹二氏らが賛同して作られたのが「つくる会」である。会の趣意書には「日本が受けつぐべき文化と伝統」や「日本人の誇り」が強調され、一方で、現行の歴史教科書にある従軍慰安婦問題は「旧敵国のプロパガンダ」として否定されている。のちに同会が発行した『教科書が教えない歴史』（扶桑社）は全四巻で一二〇万部を超えるベストセラーとなった。

また『戦争論』は、それまでギャグ作品で人気を博していた漫画家の小林よしのり氏による「戦争とは？国家とは？」という社会評論色の強い漫画だ。大著であるが、あえてテーマをひとことで言うならば「太平洋戦争における日本の大義の検証」となるだろう。小林氏は、現代の日本社会のさまざまな問題を取り上げながら、人々のモラルのなさを嘆き、戦争時代の日本人は「誇り」をもって「公」のために戦い、命をも捨てたと振り返る。それなのに、それを「侵略戦争」などと呼んで貶め、アジア各国にいつまでも謝罪をし続けるのは、「公」のために犠牲になった人たちに申し訳が立たない。日本人がふたたび誇りを取り戻し、「公」を大切にするモラルを身につけるためにも、あの戦争を「正義の戦争」と認めるべきだ。これがその大まかな内容だ。『戦争論』は結局、三巻まで発行されたが、その合計出版部数は二〇〇万部近いともいわれる大ベストセラーとなった。

こういった新しい保守派たちの動きを、リベラル派の多くは冷ややかな目で眺めていたように思う。いつの時代にもいるような国粋主義者の突発的な行動だろう、それに同調しているのは、世界の潮流である「歴史の終わり」にも気づかない無知な大衆だろう、と思っていた人もいるのではないか。「反・戦争論」といった趣旨の本も何冊かは出たが、先の湾岸戦争反対声明にかかわった人たちは、積極的な論争を挑むことはなかった。この新しい保守派の愚かな言動にいちいち反論するのも、同じ土俵の上に立つようで気が進まない、と見て見ぬふりを決め込んだ学者もいたはずだ。

実は私も、あえて正面から批判する気はなかったのだが、かねてから小林よしのり氏の作品のファンだったこともあり、「なぜあの心やさしい漫画家が乱心したのだろう」と半ば同情的な感覚で『戦争論』を手に取ってみた。そして、その大作に詰め込まれている情報量、小林氏の取材力、何より「何としても若者にこれを伝えなければ」という真剣さに圧倒されてしまった。これは、当時はとても口に出して言えなかったのだが、「いま自分が知識や情報に飢えている一〇代だったら、この本に飛びついたに違いない」とさえ思った。

実際に、この本の出版当時、中学三年だったという都議会議員のおときた駿氏は、そのときの衝撃をブログでこう振り返る。

〈手に取って読んだその内容は、思春期の少年たちにはあまりにも刺激的でした。
「こんな考え方が、この世にあったのかっ！」
素直にそう思いました。次の日と言わずその日から周りの友人に論争をふっかけ、同じく影響を受けた友人たちと靖国参拝を初め《ママ》たのも高校生の時からでした。
もちろん、一部が戦争の礼賛とも取れる同書には賛否両論があることも承知しています。それでも、「何が正しいかは、その時代によって変わる」「戦争とは、『お互いの正義』がぶつかりあうもの」という価値観をもたらし、勧善懲悪の一面的な考え方から多くの人を解放した「戦争論」の功績はやっぱり大きいのではないかと今でも思います。〉（「僕たちの世代と〝戦争論〟」二〇一三年八月一五日 http://blogos.com/article/68245/）

その時期、見わたしてみると、リベラル派にはそれに匹敵するような著作は見つからなかった。もちろん、専門書といわれる内外の本の中には、いくらも大作や力作はあったのだが、「予備知識のない若者、これまでものを考えたことのない若者にも一から教える」というスタンスのものは見当たらず、伝わってくるのは「わかってくれるクレバーな人にだけわかってもらえればよい」という印象であった。

これも単なる個人的な感想なのだが、その中でもっとも真正面から現実と向きあい、真剣に世間に何かを伝えようとしているように見えたのは、村上春樹氏が、地下鉄サリン事件の被害者や関係者六二名に自身がおこなったインタビューをまとめたノンフィクション『アンダーグラウンド』(講談社、一九九七年)であった。

もちろん「つくる会」や『戦争論』の主張に賛同することは到底できないのだが、藤岡氏の「冷戦終結後の新しい日本近代史観確立」にしても、小林氏の「公」の復権にしても、社会や人々からの無意識の要請に応えようとした姿勢は評価しないわけにはいかない。少なくとも、日本の九〇年代においては「歴史の終わり」や「物語の終焉」などは訪れておらず、誰もが危機的状況の中で「自分や社会への誇りと自信を取り戻せる、新しい物語を」と望んでいたのだ。

「日本マズイかも」と気づきかけていた人たちも、この二つの動きにより「いや、日本はマズくなんかない! 日本がスゴイことは歴史も証明してくれている! 日本は昔からスゴかったのだ!」と、現実をふたたび「否認」することができた。つまり、この二つは、当時の蒼ざめかけていた日本にとって、どうしても必要な〝クスリ〟であったのだ。

もちろん、そのクスリの効果は一時的で、それが切れると、さらに強いクスリがないとふたたび苦しい現実が目の前に突きつけられる。そうはわかっていても、それに手を出し、「日本はスゴかった。いまもスゴイ」と唱え続けなければ自分を保つことができない。九〇年代終盤から二〇〇〇年代初頭にかけて、日本は国をあげての麻薬中毒のような状況におちいってしまったのだ。

そして、この「つくる会」や『戦争論』の流れは九〇年代に高まってきた改憲論とも重なり、二〇〇二年に開催された日韓共催ワールドカップでは、ついにナショナリズムの高まりへとつながる。しかし、不況、国際的地位の低下、進む少子高齢化など、日本を取り巻く状況自体の悪化はなかなか止まらず、「あの戦争には大義があった」という過去の復権の物語だけでは、人々を支えることができなくなった。そして、ここにおいてついに「いま憎むべき敵は韓国、中国、北朝鮮」という〝現在の外敵〟が設定され、激しい攻撃が向けられることになったのだ。

その後、小泉政権下で一時的に景気回復の動きも見られたが、全体としては日本の凋落は止まることはなく、二〇一一年初頭に中国が発表した二〇一〇年のGDPが実質で前年比一〇・三％増え、名目GDPが日本を抜いたのは確実となった。ここに来て、日本は四二年間にわたり保ってきた「世界第二位の経済大国」の地位を中国に譲ることになったのである。

そして、その発表があってから間もなく、三月一一日には東日本大震災、そして福島第一原発の事故が「世界第三位の経済大国」である日本を襲った。

すっかり依存症状態が完成した日本に、さらなる〝麻薬〟が必要になったことは、もはや言うまでもないだろう。それが冒頭で述べた、現在の「日本スゴイ！」だと言えるのではないだろうか。

3 「日本スゴイ」の精神病理

ここまではっきりしたように、「日本スゴイ！」はひとつの主張でも、もちろん事実でもなく、精神病理的な現象、もっといえば〝症状〟である。人間は、自分に受け入れがたい葛藤を認識しそうになったとき、そこから目を背け、それが「なかったこと」にしようとする。それが、これまでもくりかえしてきた「否認」のメカニズムである。しかし「否認」しようにも、その現実がつねに目の前にあるときには、さらなる心のメカニズムを使ってそれを打ち消そうとする。代表的なものは次の二つだ。

①躁的防衛（Manic defence）……自分の大切な対象を失ったと感じたときに生じる、不安や抑うつなどの不快な感情から目を背けるための心理メカニズム。「優越感（征服感）」「支配感」「軽蔑感」の三つの感情に特徴づけられ、自分は万能であり相手を支配できると思い込んだり、逆に相手の価値を貶めたりする。

②投影性同一視（Projective identification）……自分自身の悪い部分を相手の中に映し（投影）、相手を支配していると感じる。

「日本スゴイ！」も「中国、韓国、北朝鮮ヒドイ！」の多くも、この二つのメカニズムでその大半が説明できると思う。

ここでその一例を挙げてみたい。二〇一七年九月二五日、安倍総理は首相官邸で会見し、同月二八日の臨時国会の冒頭で衆議院の解散に踏み切ることを正式に表明して、こう言った。

「この解散は『国難突破解散』であります。急速に進む少子高齢化を克服し、我が国の未来を開く。北朝鮮の脅威に対して国民の命と平和な暮らしを守り抜く」

中でも、とくに北朝鮮問題に関しては「我が国を飛び越える弾道ミサイルの相次ぐ発射、核実験の強行、北朝鮮による挑発はどんどんエスカレートし、その脅威はまさに現実のものとなってい」るとし、「ただ対話のための対話には意味がありません」「今後ともあらゆる手段による圧力を、最大限まで高めていくほかに道はない。私はそう確信しています」と強い言葉を重ね、「こういう時期にこそ選挙をおこなうことによって、この北朝鮮問題への対応によって、国民の皆さんに問いたい」と強調した。

しかし、二〇一八年になって、北朝鮮をめぐる国際的な状況は劇的に変わった。本稿執筆時点ではまだ何の成果も出ていないとはいえ、北朝鮮の金正恩氏は韓国、アメリカ、中国各首脳と会談をする姿勢を示し、ミサイル実験や核開発の停止を表明したのだ。しかも、それに向けて各国間ではこの間、水面下での交渉が進められてきたとの報道もあり、「北朝鮮の脅威」だけを強調してきた日本の対応は何だったのかという疑問の声が上がっている。

つまり、北朝鮮を外部の悪や敵と設定し、その脅威を煽ってきたのは、現実の情報や状況に基づいてのことではなく、先に述べた「投影性同一視」の結果なのではないかということが強く疑われる。

このような、本当は自らの内にある危機、不安、恐怖から目を背けるために、さまざまな心的防衛メカニズムを作動させて「日本スゴイ!」「他国コワイ!」と言い続けたとしても、それは何の解決にもならない。

逆に言えば、安倍総理というのは、そのメカニズムをフルに作動させ、日本が直面している喫緊の課題や破綻を見なくとも済むようにしてくれる〝集団催眠の天才〟と言えるかもしれない。

とはいえ、東アジアの地政学的な大きな変化、そして次から次へと明らかになる政権の不祥事などにより、私たちがかけられていた催眠も、そろそろ解けるときが来たのではないだろうか。というより、もしこれでも「何があってもよい。催眠をかけられ続けていたい」と望む人が多いということであれば、それは「日本オワッタ」となる日が近いことを意味しているだろう。

第3章　書店員として「ヘイト本」と向きあう

――「言論の闘技場《アリーナ》」としての書店の役割――

福嶋　聡《あきら》
ジュンク堂書店難波店店長

1　二つの違和感

「しかしそれでも、書店の人間として、『ヘイト本』を書棚から外すという選択は、しません。現にそこにある事実を覆い隠しても、それがなくなるわけでもなく、その事実を見えなくするのは結局、良い結果を生まないと思うのです」

書店現場に三十余年立っている人間として、ぼくははっきりそう言った。「ヘイト本」を弁護するためではない。臆面もなく「ヘイトスピーチ」を叫び続ける人たちに阿《おもね》っての発言ではない。「ヘイト本」に対して、「NO!」を突きつける人々を前にしての発言だった。

二〇一四年一二月一四日の夜。大阪・宗右衛門町のトークライブハウス「ロフトプラスワンウエスト」では、「日本の出版業界どないやねん!? 物書きと出版社出て来いや!スペシャル」と題された「凡《ぼん》どどラジオ」の公開放送がおこなわれていた。「凡どどラジオ」は、「在日」の二人がパーソナリティを務めるインターネットラジオだ。ゲスト（＝呼びかけに応じて「出て来た」物書きと出版社）は、『ネットと愛国』（講談社＋α文庫）の著者・安田浩一氏と、『ＮＯヘイト！ 出版の製造者責任を考える』を刊行した出版社「ころから」の木瀬貴吉《たかよし》氏。

前年の秋ごろからか。二〇〇九年のオープンから店長を務めるジュンク堂書店難波店の店頭を歩きながら、ぼくは時おり不快感を抱いていた。

社会時事の棚、話題書の棚に、いつのまにか「嫌韓」「愚韓」「恥韓」「呆韓」「中国壊滅」……と、近隣国を侮蔑する書名が増えている。そうした本たちが、塊として店頭に並ぶようになったのは二年前、二〇一二年の後半からだろうか？ いまやそれらは、わが難波店でも売行良好書として扱われ、展示されている。

そのこと自体に、大きな違和感があった。

店のスタッフがそうした傾向をもっているとは思えない。そもそも書店員は、自らの志向を書棚に反映するのではなく、個々の商品の売れ行きに反応して書棚を作る。だから書棚の傾向は、むしろ顧客である読者の志向の反映なのである。だが、日本社会はここまで近隣国への憎悪を募らせているのか。そうは思えないというのが、ぼくの違和感であった。

ずっと抱き続けた違和感が、二〇一四年一一月にころからが刊行した『ＮＯヘイト！』に、ぼくの目を釘付けにさせた。副題の「出版の製造者責任を考える」という文言に魅かれた。そして、すぐに人を介して知りあった木瀬氏に誘われて、そのイベントに参加していたのだった。

『ＮＯヘイト！』では、「嫌韓嫌中」本を出版し、書棚に並べる出版社や書店の人たちから、そのことへの違和感、自分たちの仕事への疑問や反省が率直に述べられている。だがその一方で、「表現の自由」を重視する見方からの反論や、出版業も書店業も商売なのだから「売れるものを作り、並べるのは当然」という意見も見られる。そして現実に、多くの書店の書棚には「ヘイト本」が溢れている。

そうであってはならない、と司会者二人を含めた登壇者たちは口を揃えて訴える。

「『表現の自由』とは、為政者・国家からの表現者の自由を言い、『何でもあり』ということではない。われわれ業者自身が製造者責任を問うのは『表現の自由』には決して抵触しない。書店に『嫌韓本』が並んでいるのは、攻撃対象である『在日』の人たちに大きな心の傷を与える」と木瀬氏。

安田氏が続く。

「いま『表現の自由』を奪われ、沈黙を強いられているのは誰か？　その人たちの『表現の自由』を、『表現の自由』を振りかざす連中は決して守ろうとしてはいない」

司会の凡さんも、ゲスト二人以上に熱く語り、「在特会」のヘイトスピーチに満ちたデモ、朝鮮学校の生徒たちに罵詈雑言を浴びせかける活動を糾弾していく。ヘイトデモに対抗し、それを街頭から追放しようとするカウンターデモの臨場感あふれる報告がなされ、熱気は会場全体を包んでいった。

後半の部が始まり四〇分ほど経ったところで、「会場に書店の人が来ているということなので、発言を」と、ぼくにマイクが回された。

ぼくは、それまでの議論に共感していた。盛り上がる会場の雰囲気に、一体化していたと言ってもいい。ヘイトスピーチ、ヘイト本、ヘイトクライムに対する怒りは、そこにいたすべての人と共有していたと思う。突然、発言を求められたギャラリーのひとりとして、壇上での議論を称揚する言葉を返すのが順当であったかもしれない。

だが、ぼくは身中の違和感を否定できなかった。登壇者の発言や、場内の雰囲気に対する違和感ではなかった。論理的な、倫理的、理念的なものではなく、個人的な、現実的な違和感。それは、会場の雰囲気に一体化しようとしている自分自身への違和感だったのだと思う。そのとき頭に浮かんでいたのは、日々ともに汗を流している書店の仲間たちのことである。

——ヘイトスピーチやヘイト本を批判する気持ちは、ぼくも同じだ。だが、いまここにいる人々の大半が——ひょっとしたらぼく以外の全員が——主張しているように、「在日」の人々が目にするだけで不快となる本、あるいは安易な同調者を生み出す危険のある本は、すべて書店店頭から排除すべきだと、書店店長としてのぼくは、明日朝礼でスタッフに言えるだろうか？

もちろん、店のスタッフたちは好んでヘイト本を仕入れ、並べているわけではない。しかし同時に、彼／女らは書店員として、自店の売上のために、売れる商品を仕入れることに日々努力を続けている。商品の内容に賛同できないことを理由に、そのことを全否定することはできない。おそらく、「でも店長、この本、売れているんです！」という答えが返ってくる。

そして、もうひとつ、もっと大きな問題は、外す本／残す本の線引きがきわめて困難だということだ。

——在特会のメンバーや青林堂の本を外すことは、それほど難しいことではないかもしれない。だが、それらの本はある意味きわめて「明快」で、誤解を恐れずに言うならば「安全」である。本当に危険なのは、そうした本ではなく、人気のある女性元キャスターや、元文化庁長官とその夫人、そして作品がベストセラーとなり映画化もされた某小説家のエッセイのほうではないか。彼／女らは多くの読者をつかんでいる。その主張は、先の本ほど「明快」ではないが、間違いなく、近隣国の蔑視に読者を導いていく。時にベストセラーランキングにも入る彼／女らの本を、書店店長として、ぼくは外すことを指示できるだろうか？正直に表現すると、ぼくはそのとき、自分たちを「正当化」する論理を探していたのだ。

そして、覚悟を決めて、次のように話した。

「このイベントに参加できて、うれしく思っています。ヘイトスピーチもヘイト本も、ぼくは大嫌いだし、いま壇上にいる四人をはじめ、この会場に集っている多くの人がこれまでやってこられたことには心底から敬意を表します。しかしそれでも、書店の人間として、ヘイト本を書棚から外すという選択は、しません。現にそこにある事実を覆い隠しても、それがなくなるわけでもなく、その事実を見えなくするのは結局、良い結果を生まないと思うのです。

むしろ、そうした批判すべき本を、実際に読んでみる必要があると思います。一水会の鈴木邦男さんがトークイベントで言われていました。『自分の考えを強めるためにする読書は、実はあまり重要ではない。むしろ、なぜこいつはこんな考え方をするのか、信じられないと言いたい人の書いた本を読むことが、勉強になった』と。だから、ぼくがいまこの瞬間に、もっとも読みたい本は『大嫌韓時代』（桜井誠著、青林堂）かもしれません。もちろん、そうした本に感化されない自信があって言うのですが、実際に『大嫌韓時代』を読んでみたいと思います」

会場から拍手が起こった。その反応は、まったく予期していなかった。ぼくの話は、それまでの会場での議論とは相反するものだったからだ。戸惑っていると、木瀬さんが壇上からエールを送ってくださった。

「完全にアウェーであるこうした場に、書店の人が来てくれ、そして話してくれたことが、とてもありがたい」

——そうか、書店はそもそも反「ヘイト本」の議論の埒外《らちがい》、もっといえば「敵対勢力」なのだ。迂闊にも、ぼくはそのときまで自分がアウェーにいることに、まったく気づいていなかった。だが考えてみれば、イベントのタイトルには「物書きと出版社出て来いや！」とあるが、書店は「出て来い」と言われていない。書店は、ヘイト本の乱立という事件が起きている場であるが、書店の人間は蚊帳の外か、議論の相手にはならないと思われているのか……。

書店の人間は、当事者であるだけではなく、ときに加害者であるのだ。

だが木瀬さんの言葉は、ぼくにとって何よりありがたかった。それは、書店の人間を当事者として迎え入れる言葉であったから、いや何よりも、ぼくがいまアウェーにいるのだということを気づかせてくれ、そのことがぼくにはうれしく感じられたからだ。アウェーに出て行くことこそ、自分を鍛え、自分の世界を拡げてくれるからである。

つねにアウェーにいること、それが書店人の立ち位置なのだ。そのことが、いかなる同調圧力にも違和感を覚えることにつながる。さっきの違和感も、あるいはその立ち位置ゆえだったのかもしれない。

二〇一四年一二月末から、ブックフェア「店長本気の一押し！『NOヘイト！』」を展開した。ぼくは「約束」通り、『大嫌韓時代』を一緒に並べた。約束通り、並べるに先立ってぼくは『大嫌韓時代』を読んだ。

一一月に刊行された『NOヘイト！』は、発売と同時に読み、自社のPR誌に短い書評を寄せていた。フェア開催と同時に、その書評と、フェアの展開写真をジュンク堂のウェブサイトにアップした。その写真を木瀬さんがＳＮＳに上げてくださった。三日後の一二月二九日、木瀬さんから興奮気味のメール。

「フェアの反響はすごいです。ツイッターでは七〇〇以上もリツイートされ、フェイスブックは二五〇〇人以上に閲覧されています。いずれも破格の数字で、注目されていることを改めて感じました」

その数字がどれくらい「破格」なのか、当時ＳＮＳに接することのなかったぼくにはわからなかった。まもなくわかったのは、「彼／女ら」もまた、フェアの写真をネット上で見てくれたことだ。

2　フェアとクレーム

年明けすぐに「反応」があった。

クレームの電話が難波店に三件、他支店や営業本部にも数件かかってきた。クレーム客は男女を問わず、また、最初は静かに語りかけてくる人、端から喧嘩腰の人とさまざまだったが、共通するのは、「あなたは、韓国や中国が日本を侵略しようとしていることを知らないのか⁉」という言葉だった。

ぼくは、そのようなことは知らないし、想像できない、と答えた。

もうひとつ、いつも言われたのは、「書店の人間が自分の思想を客に押しつけていいと思っているのか？」という台詞だが、ぼくはかならず「ぼくは、いいと思っています」と、はっきり答えた。会社や上司の譴責《けんせき》を気にして言葉が淀めば、相手につけいる隙を与える。逆に、こちらの立場と意見を明確にすれば、相手にとって堀を埋めるのは容易ではなくなる。三十余年の書店員生活で、ぼくにはそのことが身に染みてわかっていた。案の定、クレーマーたちは、自らの主張を一方的に述べた後、「お前には、いくら言うてもしゃあないな」と電話を切った。

こうして何人かと話しているうちに、クレーマーに対応することが、ぼくは徐々に嫌ではなくなってきた。彼／女らは、ともかくもぼくのフェアに最初に反応してくれた人たちであり、また、彼らと話すときには、自分の考え、立場をはっきりと述べることができたからである。

テレビも入った。一月一六日、朝日放送報道局ニュース情報センターが撮影と取材に来店され、「店長本気の一押し！」フェア、「嫌韓嫌中」本が所狭しと並ぶ書棚、そしてぼくへのインタビューを撮影していった。「凡どどラジオ」の凡さんが、ヘイトスピーチやヘイトデモについて取材を続けている記者に紹介してくれたらしい。どこまで反響があるのかな、という期待と、心ならずも不安がないまぜになったぼくの表情に気づいた記者はこう言った。

「テレビでオンエアされただけなら、大丈夫だと思います。『彼ら』はテレビはあまり見ないですから。YouTube に流れたら、大きな反響があるかもしれませんが」

『ネットと愛国』で安田浩一氏が示唆している通り、彼／女らにとってはネットの情報がすべてなのだ。

逆陣営からの批判もあった。

「あなたの文章も読んでいるし、あなたがどういう考えでこのフェアをやっているか、自分はよくわかっているし、大いに共感する。ただ、そのフェアの中に、なぜ『大嫌韓時代』が入っているのかが理解できない」

ぼくには、意見をまったく異にする書き手の本も排除することはできない、まして、このフェアは「ヘイトスピーチ」や「ヘイト本」を批判するフェアだ。批判する相手が取っている姿勢は「排除」である。こちらがその意見を排除することによって、結局、相手と同じ型を持ってしまうことはしたくなかった、と意図を説明した。

「その説明に納得するわけではないが、理屈としてわからないではない。だが、こうした本を売ることによって、間違った歴史観を持ってしまう読者が出てきたら、どう責任を取るつもりだ?」

実は、「左」の人たちに多いそうした言葉が、ぼくを頑《かたく》なにしている部分がある。自分たちはわかっているからいい、だが、ちゃんと理解していない人たちを誤らせるかもしれない、そう言うときに、どうしようもなく感じる選民思想が、どうにも嫌なのである。

「いや、あなたが特別によくわかっているわけではない。同様に、こうしたプロパガンダを鵜呑みにする『わかっていない人たち』が多く存在するわけではない」。実際に口にしたことはないが、そういう感想をもってしまうのである。

翌年の五月、日本出版学会のワークショップ「ジャーナリズムとしての書店業——情報の『送り手』にとっての『公平性』とは何か」に参加したぼくは、前年のMARUZEN&ジュンク堂書店渋谷店での「民主主義を考える」フェアへの妨害騒動について話した。その報告の後、学会の重鎮が「(妨害後、仕切り直した)フェアに、長谷川三千子の本を並べて『民主主義』フェアと呼べるか!?」と毒づかれたのに対し、「長谷川先生の書かれたものや発言内容は、非常に鋭く、はっとさせられることも多い。そもそも古代ギリシアの昔から、哲学と民主主義は相性がよくない。そうした本と対決してこそ、民主主義は鍛えられるのではないでしょうか」と反論した。

「嫌韓嫌中派」も「反ヘイト派」も、「正義」—「無辜《むこ》」—「悪」といった三項図式をとる点では共通している。「正義」と「悪」の担い手が入れ替わっているだけだ。双方どちらにも加担しないとすれば、「正義」—「無辜」

――「正義」となる。世の中をこんなに単純に図式化することができないことは、書店の店頭にいればよくわかる。そして、こうした図式の単純化こそが、多くの対立と悲劇を生み出しているということが。

「正義」ほど始末に悪いものはないのである。

3　再開と反響

春先に「店長本気の一押し！『NOヘイト！』」フェアを終了して、二カ月以上経った五月のある日、「いまでも、ときどき『NOヘイト！』フェアがネット上の話題になっている」という噂を聞いた。

ネットの情報はいつまでも残る。一度アップされた情報、写真などは、いつまでも検索に引っかかって、利用者の眼前にあらわれる。それらは「永遠の現在」を生きるのだ。インターネットには時間の概念がないのである。その点で、日々マイクロチェンジがあり、あるときドラスティックにその相貌を変える書店の店頭風景とは、対照的である。

「もう一度、コーナーをつくろう」と思い立った。ネットで見て関心をもち、来店してくださった方たちを失望させるわけにはいかない。折しも『NOヘイト！』に続く『さらば、ヘイト本！――嫌韓反中本ブームの裏側』が、ころからから刊行されていた。この二冊を中心に、イスラム・ヘイトについての本も入れた。この年は「IS（イスラム国）」による湯川遥菜さん、後藤健二さんの殺害で幕を開けており、「シャルリー・エブド」襲撃事件もあったからだ。世界中のあらゆるヘイトに「NO！」を言うコーナーにしたかった。

七月八日、朝日新聞が夕刊の一面で大きく取り上げてくれた。地域限定とはいえ一面である。古い友人が連絡をくれ、義母が褒めてくれた。ふだん交流があるわけではない、マンションの他の階の住人からも声をかけられた。同窓会では、久しぶりに会う旧友や恩師が肩を叩き、喜び讃えてくれた。だが、「反ヘイト」フェアに批判的な人たちからは、なんの反応もなかった。

七月二二日の午後、朝日の記事を見たといって「東亜日報」東京支局から電話取材があった。ぼくは慎重に言葉を選びながら、できるだけ丁寧に説明した。記者の日本語は上手だったが、母語ではない。また、マスコミの取材は、たいてい用意したシナリオに誘導しようとする。ぼくは、ぼくの思いを正確に伝えてほしく、決して利用されたくはなかった。

「彼／女ら」の反応は早かった。翌日、早速電話があった。

「東亜日報の記事を見たか⁉　あなたは本当に、彼らの取材に答えて、あんなことを言ったのか⁉」

掲載紙はまだ届いておらず、「いいえ、まだ読んでいません」と答えた。

「ならば、ネットのデジタル版を早く読め。話はそれからだ。明日また電話する」と言って電話は切られた。

ネットを検索して、記事を見つけた。いくつか、記者の思い込みゆえに筆が滑ったと思われる部分（クレームの主を「右翼」と書いているが、ぼくは決して「ヘイト派」を「右翼」とひとくくりにすることはない。「右翼」に分類される人の中に、鈴木邦男さんら尊敬すべき人は何人もいる。また、刊行物の八〜九割が嫌韓嫌中本と言ったとあるが、精査したわけではない数字を明言したりすることも絶対にない）はあるが、おおむね話した通りのことが記事にされていた。

翌日、別の人からかかってきた電話では、ぼくが勤める書店が、ソウルの有名な書店「教保《キョボ》文庫」の四〇％の大きさであるという部分を指摘され、「あいつらはそんなふうに自分たちのことを自慢したいのだ。そんなことに利用されるのだから、よけいな取材に答えたりするな！」と叱責された。「そこ……？」と思った。完全にピントがずれている。

前日に「明日また電話する」と言った人からは電話はなかった。

翌々日には、また別の人から、穏やかな口調で、自分もかつては韓国に期待していたが、いまの韓国はもう信用できない、取材への応答は慎むように、と言われた。

他支店や本部あての電話、メールによるクレームもいくつかあったが、ぼくに直接釈明を求めるものはなく、「炎上」というほどのこともなかった。2ちゃんねる等、ネット上ではもっときつい言葉もあったと聞くが、ぼくにはそうしたものを見る習慣はないので、まったく平気だった。

何より驚いたのは、「東亜日報」への反応の早さである。彼らは、日本の新聞は読まないのだが、韓国紙の記事は熱心に読んでいるのである。考えてみれば皮肉な話だ。

4 「表現の自由」とのせめぎあい

翌年七月二九日、東京・本郷の出版労連会議室で開催されたシンポジウム「『ヘイト本』と表現の自由」に参加した。登壇者はぼくの他に、大月書店の岩下結氏、小学館の川辺一雄氏、弁護士の水口洋介氏である。最初の話者は、岩下氏。二年前の二〇一四年七月、氏が中心メンバーとして活動している「ヘイトスピーチと排外主義に加担しない出版関係者の会」（BLAR）が同じ会場で「『嫌中憎韓』本とヘイトスピーチ」という学習会を開催、その内容を前出の『NOヘイト！　出版の製造者責任を考える』として刊行した。ちょうど二年を経たいま、日本社会と出版業界がどう変化し、あるいはどう変化しなかったかを考える機会としてシンポジウムを企画した、と岩下氏はいう。

この間、「ヘイトスピーチ」という言葉は社会に認知され、二〇一六年五月にはヘイトスピーチ解消法が成立。川崎市での差別デモを中止に追い込むなどの効果を上げている。少しずつではあるが、社会の対応は前進したと言える。

だが、出版業界はどうか？『NOヘイト！』が直接その姿勢を問いかけた出版業界の反応は鈍かったように思う、と岩下氏は総括する。その大きな理由のひとつが「言論・表現の自由」という理念である。この理念により、出版業界では、たとえそれが「ヘイト本」であれ、事前検閲や法的な規制が簡単には容認されないのだ。だが岩下氏は、そうした「言論の自由」観に異議を唱える。そもそも「ヘイト本」やヘイトスピーチが、「言論の自由」を先に破壊してしまっているからだ。

「ヘイト本」は差別を煽動・強化し、被差別者に「お前たちに発言権はない」というメタメッセージを投げつけ、沈黙させる。ヘイト言説に直面し、書店の書棚を席巻する「ヘイト本」の群れを眼にして、在日コリアンの多くは反論や怒ることすらできず、黙って立ち去ることしかできない。「ヘイト本」は、被差別者が書店において言説や情報に出会う機会を、それらを得て思考を鍛え表明する機会を、すなわち「言論の自由」をあらかじめ奪ってしまうのだ。メディアはそうした現実を批判し、意識的にマイノリティの存在を明らかにして、徹底的な差別反対の姿勢を貫かなければならない、と岩下氏は締めくくった。

二番目の発言者であるぼくは、『NOヘイト！』フェア以降の店頭でのできごとを具体的に話しながら、岩下氏の徹底的な反差別の姿勢には大いに賛同するが、書店人として「ヘイト本」を自店の書棚から外すという選択はしない、と言った。そして、その理由として、

一、ぼくたちが対決しようとしている「ヘイト本」「ヘイトスピーチ」の根底にあるのは「排除の原理」であり、それらを書棚から「排除」するという行為は、結局、敵方と同じ型におちいってしまうこと。

一、現実的に、どこからどこまでが「ヘイト本」に当たるかという線引きはできない。たとえば、在特会のメンバーによる著書よりも、本屋大賞を受賞した人気作家や元女性キャスターの著作のほうが、より多くの読者を獲得している分、危険度は大きいように思う。どこまで外すかという判断は容易ではないこと。

を挙げた。

三番目に話された小学館の川辺氏は、青林堂の『そうだ難民しよう!』（はすみとしこ著）を読み上げながら、内容にいかに事実の誤認があるかを示し、編集の杜撰《ずさん》さを指摘した。そして、編集者としては、より質の高い編集作業により、クオリティの高い本を仕上げて、そうした言説に対抗していきたい、それが自分たちのできることであり、めざすところだと言われた。

四人目の水口弁護士は、法曹家の立場からこの問題を論じた。ヘイトスピーチを法規制によって取り締まれという声を受けてヘイトスピーチ解消法ができた。この法律には罰則規定はない。それでは不十分だと、厳しい罰則規定を求める声もあるが、刑事罰については慎重になったほうがよい。法律は、元の意図とは正反対の方向で権力に利用されやすく、法の適用も恣意的になりやすいからだ。たとえば、同じようにチラシをポスティングしていても、特定の政党や政治団体のチラシを入れたときだけ住居侵入罪が適用される、というような具合だ。何人も、いわれなき罪状で、あるとき逮捕・投獄されるかもしれないのだ。検察も警察も信用できない。刑事罰をともなう法律制定には慎重であるべきだ。捜査も取り調べも密室でおこなわれる刑事案件ではなく、公開性の大きい民事訴訟に持ち込める禁止条項を盛り込むほうがよい、と話された。

法曹の世界に生きる人ならではの話で、たいへん参考になるとともに、自らが信じる「正義」だけで立ち向かっていっても、闘いは容易ではないことを再認識させてくれた。闘いが容易でないことは、普段書店店頭で何が売れているかを見ているぼくらの実感と符合する。

それぞれの最初の発言が伸びて、また会場からも有意義な質問と感想を得られ、互いに討議する時間が取れなかったことは残念だったが、次のことは明らかであった。四人とも「ヘイトスピーチ」を許さず「ヘイト本」の内容を認めないという点では一致している。相違は、「ヘイト本」の存在そのものを許すかどうか、である。

5　揺らぎと決意

実は一度だけ、ぼくの信念が揺らいだことがある。大阪の堂島にある小さな古本屋（一部新本も売っている）「本は人生のおやつです」の店主・坂上友紀さんから、次のような話を聞いたときだ。

最近、本をよく読み、たくさん買ってくださる若いお客様がいるのだが、その人がいわゆる「ヘイト本」をよく売りに来る。その理由を、あるとき彼が話してくれた。

「自分は在日三世なのです。自分がどう見られているのか知りたくて、書店でこういう本を見かけると、買って読まずにはいられないのです」

喜んで読むのではないのだ。そうした本が存在せず、読まずに済ますことができたら、どれだけ楽だろう。しかし、「ヘイト本」が存在する限り、彼はそれを読まずにはいられないのだ。

正直ぼくは、少し怯んだ。そのような人たちのために、「ヘイト本」をこの世から絶滅させる必要があるのではないか？　そういう本が書店に並んでいることそのものが、彼ら彼女らに大きな苦痛を与えているのだから。ぼくの考えは、書店の人間の言い訳にすぎないのではないか、岩下氏や安田氏の主張が正しいのではないか？

だが、ぼくはすぐに思い直した。件の在日三世の青年は、「ヘイト本」から目を背けるのではなく、勇気をもって真正面から立ち向かっている。ならばわれわれも、偏見に満ちた差別感情をもった人が少なからず存在するということを隠すのではなく、そのことを明らかにし、しっかりと受けとめ、批判し、議論していくべきなのである。

とはいえ、岩下氏や安田氏が言うように、あらかじめ相手の「表現の自由」を封じ沈黙を強いるような「ヘイト派」と、議論を開始する手立てなどあるのか？

青年は「知りたくて」と言った。「知りたい」、ここに唯一の入り口があると思う。

『ネットと愛国』によると、多くの人が在特会に入るきっかけは「在日特権」を知ったことであり、そうした「特権」を剝奪することこそ、いま日本人すべてがめざすべき「正義」であると確信したことだという。「在日特権」を知ることが、彼／女らの「正義」を形成し、目や耳を覆いたくなるような「在日」攻撃へと駆り立てたのだ。

問題は、彼らが知った「事実」が事実ではないということである。彼らが言う「在日特権」とは、日本の大陸侵略下に日本に渡ってきた朝鮮半島の人々の国籍を、敗戦直後に（いまに至るまで）事実上剝奪した、日本政府の欺瞞に満ちた政策の所産であることが、『日本型ヘイトスピーチとは何か』（梁英聖著、影書房）を読むとよくわかる。そして、いまだ存在しない国を仮想した「朝鮮籍」をあえて選んだ人々の祖国への思いがどのようなものであったか、『思想としての朝鮮籍』（中村一成著、岩波書店）が教えてくれる。

そうした事実を「知らず」に、自らが「正義」の側に立っていると信じ、他者を攻撃することこそ、もっともたちの悪い「正義の行動」なのである。「知らない」ことは無垢ではなく、容易に悪に結びつく。

「私は、世の中にこれほど多くの嫌韓嫌中本が出ていることを、いままで知りませんでした。私の大学の図書館には、そのような本は並んでいないからです」

二〇一五年の夏、店を訪れた国際政治専攻の学生が、会うとすぐにそう言った。彼女は数日前、「ヘイト本」に関する新聞のインタビュー記事を見て、ぼくに面会を申し込んできたのだ。

そのような志向をもつ大学生が、世に「ヘイト本」が氾濫していることを「知らなかった」ことに、ぼくはいささかの驚きを感じ、そしてすぐに納得した。

大学図書館の司書が「ヘイト本」を選書から外したことは不思議ではない。しかし、大型店でなくとも、いまの書店にはベストセラー、ロングセラーとして多くの「ヘイト本」が並んでいる。残念なことに、彼女は書店に通うという習慣をもっていないのだ。そうした人たちには、いまの世の中が、多くの場面で憎悪に満ちて歪んでいることを、そして一方、憎悪に満ちて歪んでいる人たちには、正確な「事実」を、知ってほしい。

近代仏教に関するトークイベントを催した際、会場からの質問・意見で「北朝鮮の核開発の問題もあり、私たちは中国や韓国を含めて、近隣国を本当に信用していいのか、不安で仕方がない」という発言をいただいたこともある。不安定な国際情勢のなか、いま「嫌韓嫌中」派と反「嫌韓嫌中」派のどちらが多数派なのかは、正直言ってわからない。日々の本の売れ方、それを反映する書店の風景は、いまでも「反ヘイト派」にとって厳しい状況であることを示している。社会から、いわれなき蔑視や憎しみをひとつひとつ取り除くことは、途方もなく長い道程を要する作業であろう。

だが、多くの人に事実を正確に知ってもらうことが、その長い道程の第一歩であることは間違いない。書店は、その第一歩を踏み出すために、事実を知る場、そして事実に基づいた建設的な議論が湧き起こる闘技場（アリーナ）でありたい。

ネット検索で、自分に都合のいい情報だけに接して、心地よい言説のみに身を浸し続けることから、事実は、真実は、見えてこない。知りたい、知らなくてはならない、という思いを読者に持ってもらう場であることこそ、書店という場の大切な役割である。そのためには、まず書店員自身が「知りたい、知らなければならない」と思うこと。日々刊行される本に、そうした思いを持って向かいあうことが、書棚、書店空間を通じて、読者にも伝わっていくと信じる。

第４章　差別・極右への対抗とメディア・ＮＧＯの社会的責任

――日本型ヘイトウォッチの提唱――

反レイシズム情報センター（ＡＲＩＣ）代表　梁英聖《りゃんよんそん》

はじめに

二〇一五年一二月に参議院議員会館で開かれた「『そうだ難民しよう！』の刊行に抗議する共同記者会見」（ヘイトスピーチと排外主義に加担しない出版関係者の会、のりこえねっと共催）に寄せる賛同コメントを頼まれ、私は反レイシズム情報センター（ＡＲＩＣ）の代表として次の一文を送った。メディアの差別煽動が実際にどのように人間を破壊するか。実情の一端を知る者として、伝える義務があると思ったからだ。

今までヘイトスピーチ被害の調査や相談に関わる中で、ヘイト街宣を見て耐え切れず泣きながら吐いた、不眠症・円形脱毛症になった等の深刻な被害に沢山接してきました。中でも『マンガ嫌韓流』を読んで一時ネット右翼になった在日コリアンの若者は忘れられません。「自分の存在が全否定された」「これだけ韓国が悪いなら、在日は嫌われる」と思い込んだ彼は精神を病み、一日一六時間ネット漬けの生活を送り、排外主義的な街宣行動にも関わりました。レイシズムの商品化は在日の魂を殺すだけでは済まない、もはやマイノリティを差別する側に回らなければ日本人に承認されないと思い込ませ、被害者を加害者に引き込むのです。『マンガ嫌韓流』から一〇年後、命がけで越境するシリア難民にまでレイシズムを広げた、日本社会に「そうだ、差別しよう!」と呼びかける本が出されようとしています。こんなものを商品化することが本当に許されるのでしょうか?

どんな産業・商品にも市場原理には必ず一定の社会的制約が課されます。過労死防止のため労働時間規制があり、公害防止のために工業に環境規制、倒壊防止のために建築業に建築基準があります。出版も同様です。ヘイトスピーチによる民主主義破壊防止のため、出版業界にもレイシズムと歴史否定の商品化は許さないというルールが制定されるべき時です。(傍点は引用時。誤植は訂正した)

あれから二年以上が経つ。右のような被害は、より深刻化したことを私は疑わない。二〇一六年七月の相模原障がい者殺傷事件や二〇一八年二月の朝鮮総連中央本部銃撃事件など、人命にかかわるきわめて深刻なヘイトクライム(差別的動機に基づいた犯罪)さえ発生した。現代日本社会は、差別と極右(差別によって社会を破壊する右翼のこと)によって、基本的人権から民主主義までが根本から破壊される危機に瀕している。

いま、日本のメディアは何をなすべきか。

本書を手に取る良心的ジャーナリストは、こう思うかもしれない。いままで以上に、差別の被害に遭ったマイノリティの声を取材して取り上げねばならない、と。

実は、本稿で言いたいのは、それとはまったく別の角度から、メディアが差別を取り上げる必要性である。

いかに被害者の声に頼らないで、メディアは差別と極右の危険性を報道できるのか。被害者の声をメディアが取り上げる重要性は疑うまでもない。だが問題は、日本のメディアが、被害者の声に頼らなければ、ほとんど差別を批判できない点である。

被害者の声に頼るまでもなく、十分に意味のある差別の批判報道はいくらでも可能である。その例としてトランプ大統領に対する外国メディアの批判をみることにしよう。

なお、本稿ではさまざまな差別のうち、主に人種／民族差別（レイシズム）を扱い、その定義は後に引用する人種差別撤廃条約第一条の「人種差別」を用いることとする。

1　トランプ大統領への批判報道から

ドナルド・トランプ氏が二〇一六年一一月八日にアメリカ大統領に当選した三週間後、ＡＦＰは次のように報道した。

> ［一一月三〇日　ＡＦＰ］ドナルド・トランプ次期米大統領の選出が決まって以降、全米で憎悪や不寛容に関連する行為九〇〇件近くが報告された。権利擁護団体が二九日に発表した。発表によると、大半はトランプ氏勝利にあおられて発生したものとみられるという。
>
> 発表を行ったのは人種差別問題の調査やヘイトグループの監視に取り組んでいる「南部貧困法律センター（ＳＰＬＣ）」。同センターのリチャード・コーエン氏は、実際の数字はこれよりももっと多いはずと指摘

した。

同センターでは、トランプ氏の勝利となった米大統領選挙からの一〇日間にいやがらせや脅しなど八六七件を記録した。トランプ氏の勝利は白人至上主義者らに歓迎され、他方では同氏の移民やイスラム教徒、女性を蔑む発言に火をつけられた人もいる。

同センターの記録は、米国でこれらの行為が急増していることを明確にはしていない。だが、コーエン氏は「わたしたちに憎悪による行為を報告してくる人たちの多くは、このようなことはこれまで経験したことがないと話す」と説明した。

ほとんどは落書きや言葉による嫌がらせだが、中には暴力行為を伴うものもあった。これらは、反移民あるいは反黒人の性質のものが半数以上で、カリフォルニア州の九九件を先頭に、米国のほぼ全州から報告されている。

トランプ氏は選挙後初の主要な記者会見で、嫌がらせや脅しの行為をやめるよう人々に求めた(1)。


トランプ氏当選により、米国社会で差別が強力に煽動されたことを、ヘイトウオッチNGOのSPLCのデータを元に批判的に報じている。

周知の通り、トランプ氏は共和党の大統領候補予備選のときからマイノリティへの差別煽動をくりかえし、マスコミの大きな批判を浴びてきた（**表1**）。これらも各種外国メディアによって、その多くが批判的に報道されているのがわかる。

対象	発　言	日時・場所
セクシュアルマイノリティ	・最高裁が同性婚を合憲とする判決を覆すための判事指名について「真剣に検討する」。 ・(同性婚を認めた連邦裁判所判決について)「判断の破棄も含め，見直す必要がある」 ・(しかし，その後「自分が大統領になったら，LGBT の市民を憎しみに満ちた異質なイデオロギーによる暴力や抑圧から守るために何でもする」と発言。ただ，同日採択された共和党の党綱領には「州による同性婚の禁止を違憲とした 2015 年の最高裁判決を批判する」と記載されている。)［5］	・2015 年 6 月 26 日，取材にて ・2016 年 1 月末の集会にて ・2016 年 7 月の共和党全国大会にて
ユダヤ人	・ヒラリー・クリントン前国務長官の顔写真と並べて，ユダヤ教やユダヤ人を象徴する「ダビデの星」の意味を持つ六角星を配置し，そこへ「史上最も腐敗した候補者」という文字を書き込んだデザインの写真をツイート。［6］	・2016 年 8 月 3 日，ツイッター上にて
女性	・共和党の大統領予備選討論会で司会を務めた米 FOX ニュースのメーギン・ケリー氏を批判して「彼女は，ありとあらゆるばかげた質問を私に投げ掛け始めた。彼女の目から血が流れ出ていたのが分かったよ。彼女のどこからであれ血が出ていた」 ・「妊娠中絶を受けた女性は刑罰の対象にすべきだ」(その後，批判を受け「法的責任を負うのは女性ではなく，違法行為を女性に対して行った医師などになるだろう。この場合，女性は子宮内の生命と同じ被害者だ」と発言を修正。)［7］ ・自身が出演していたリアリティ番組の 2005 年の映像で「スターなら，女性はやらせてくれるんだ」「プッシー（女性器を指す俗語）をつかんでね。何だってできる」などと発言。［8］	・2015 年 8 月 7 日，番組後に ・2016 年 3 月 30 日，NSNBC のインタビューにて ・2016 年 10 月 7 日，ワシントン・ポスト紙が報道

表1　トランプ氏による共和党予備選時の差別煽動(2)

対象	発　言	日時・場所
黒人	・トランプ氏に抗議する黒人をリンチする自身の支持者に対して「そいつをつまみ出してくれ。放り出せ！」と発言。その後の取材でも「あの男は痛い目に遭って当然だ。なにしろひどい態度だったからね」。[1] ・実在しない「犯罪統計局」を出所とする偽「データ」において，白人のアメリカ国民が殺された際に，その加害者の81%が黒人だと主張（FBIの2014年の統計によれば実際の数字は15%。逆に白人被害者の82%が白人に殺されている）。[2] ・KKKの元幹部デービッド・デューク氏の支持表明に対して「デューク氏からの支持を断るか」と問われ，(デューク氏という人物について)「何も知らない」「白人至上主義者のことは何も知らない」「どの団体のことを言っているのか分からない」と支持を否定せず（のちに批判を受け支持を拒否）。[3]	・2015年11月21日，アラバマ州バーミングハムの自身の集会にて ・2015年11月22日，ツイッター上（現在は削除） ・2016年2月28日，CNNのインタビュー番組にて
移民・難民	・「メキシコはベストではない人々を送り込んでいる。麻薬や犯罪を持ち込むやつらだ。彼らはレイピストだ，中には善良な人もいるかもしれないが」 ・（シリア難民への対応について）「もし私が勝利したら，彼らは帰国することになる。彼らには帰ってもらうよ，本当に」	・2015年6月16日，出馬会見にて ・2015年9月30日の選挙集会にて
ムスリム	・（イスラム教徒をデータベースに登録すべきだと思うかとの質問に）「それは間違いなくやるつもりだ。絶対にやる。データベース以外にも，たくさんのシステムがあるべきだ」 ・「ドナルド・J・トランプは，何が起こっているのかをわが国の指導者らが把握できるまで，イスラム教徒の入国を全面的かつ完全に禁止することを呼び掛ける」[4]	・2015年11月19日，記者からの質問に対して ・2015年12月7日のカリフォルニア州での銃乱射事件を受けて

これら報道では、日本とは対照的に、以下のものが重要なニュースとなっている。

① 政治家が差別すること。
② たとえ直接差別していないとしても、政治家が差別や極右を支持しているとみなされること。
③ 直接差別していないとしても、政治家が差別や極右を批判しないこと、それらと闘わないとみなされること。

つまり政治家の差別への態度が、社会的影響との関連でニュースになる。だが日本では、①でさえニュースにもならない場合がきわめて多い。とくに重視すべきは②と③である。公人として政治家は、差別煽動に加担してはならない責任があること、さらに差別と闘う責任があることを前提に、それら責任を果たしているかどうかがニュースになっているのである。これらがまったく欠如しているため、日本のメディアは政治による差別煽動の高まりに対して、ほとんど何のブレーキにもならない。

別の例を挙げよう。前頁の表にも挙げた、「KKK元幹部が『支持』表明　トランプ氏の対応に非難集中」という、二〇一六年二月二九日付のCNN記事である。

> ［ワシントン（CNN）］米大統領選の共和党候補者指名を目指す実業家ドナルド・トランプ氏に、白人至上主義団体「クー・クラックス・クラン（KKK）」の元最高幹部、デービッド・デューク氏が支持を表明したが、これを受けたトランプ氏の対応に非難が集中した。
>
> デューク氏は二五日、フェイスブック上で、トランプ氏は移民問題に強く、メディアの「うそ」を暴いて白人社会を発展に導く候補だなどと主張。同氏への支持を表明していた。

トランプ氏は二八日、CNNのインタビュー番組で「デューク氏からの支持を断るか」と問われ、デューク氏という人物について「何も知らない」と答えた。

司会者はトランプ氏に、KKKと距離を置く考えがあるかという質問を三度繰り返した。同氏は「白人至上主義者のことは何も知らない」「どの団体のことを言っているのか分からない」と言うばかりで、はっきりとした態度を示さなかった。

共和党のライバル候補からはただちに、こうした発言を批判する声が相次いだ。

マルコ・ルビオ上院議員はバージニア州での集会で、トランプ氏はデューク氏のことを知っていたはずだと指摘し、「白人至上主義を否定できないような候補を指名するわけにはいかない」と訴えた。

テッド・クルーズ上院議員は「人種差別が間違っていることや、KKKが許しがたい団体であることに異論はないはずだ」とツイート。ジョン・ケーシック・オハイオ州知事もツイッターで「米国内に憎悪団体の居場所はない」と強調した。

また、民主党の候補者指名を目指すバーニー・サンダース上院議員は「米国初の黒人大統領の後を、KKKを容認する扇動者に継がせてはならない」とツイートした。

トランプ氏は二六日の記者会見で同様の質問を受け、「デービッド・デュークが私に支持表明したって？よし分かった、断るということでいいか」と発言していた。

トランプ氏は結局、二八日のインタビューの数時間後にツイッターへの投稿で、この時の発言通りにデューク氏の支持を「拒否する」と明言した。(3)

くりかえすが、トランプ氏は自身が差別したから批判されているのではない。支持表明をしたのはKKK元幹部のほうだ。しかしCNN記者は、トランプ氏がその支持表明に対して明確な批判をするか否かに大きなニュースバリューを見いだし、KKKと距離を置くかという質問を三度もぶつけ、「白人至上主義者のことは何も知らない」なるきわめて重要なコメントを引き出した。これは民主党の予備選候補バーニー・サンダースだけでなく、同じ共和党の右派議員からも批判を浴びた。それがまた、ニュースになるのである。

最後の例は、二〇一七年八月一二日に米国ヴァージニア州シャーロッツヴィルで起きた白人至上主義者の大規模な集会をめぐる、トランプ大統領へのBBCの批判報道である。

その日、南北戦争時に黒人奴隷制を支持した南軍の将軍の銅像の撤去に反対して、KKKはじめ白人至上主義者が数百名集う大規模な集会が企画され、抗議する市民数百名と衝突した。州知事が非常事態宣言を出し、警察が解散命令を出した直後、ある白人至上主義者が自動車を急発進させプロテスターの群れに突っ込んだ。悲鳴とともに数名が吹っ飛ばされた。抗議活動に参加していた法律事務職のヘザー・ハイヤー氏（三二歳、白人女性）が殺され、一九名が負傷、他の衝突で一五名が負傷した(4)。米国を代表する反極右NGOである南部貧困法律センター（SPLC）は、シャーロッツヴィルで企画されたKKKら極右の集会が「この数十年で最大規模」だとしている(5)。

もちろん事件は大ニュースとして連日報道されたが、そこではトランプ大統領の言動が猛烈な批判を浴びた。BBCは八月一五日付記事「トランプ米大統領、『人種差別は悪』と非難　極右デモでの女性死亡で(6)」、一六日付記事「トランプ米大統領、バージニア州での衝突は双方に責任と(7)」で、トランプ氏が事件直後に「白人至上主義者を名指しして批判しなかったことへの批判の声が上がっていた」と報じた。事件後二日も経った一四日にようやくコメントを出したものの、その翌日、「突撃していったオルト・レフトはどうなんだ?」と抗議する市民を両成敗的に批判し、「あいつらに罪悪感のかけらもあるか? 手にこん棒を持って(中略)突撃してきたのはどうなんだ?」などと述べたことが批判的に報じられた。

また同じ記事は、一四日にトランプ氏が「像の撤去に抗議していた集団には『多くの素晴らしい人々』が含まれていた」と語り、さらに米初代大統領ワシントンや、第三代ジェファーソンの像も「二人が奴隷を所有していたのを理由に撤去されるべきなのか」と述べるなど、像撤去への抗議を暗に支持するようなコメントをしたことも報じている。

さらにこのBBCの記事は、元KKKのデービッド・デューク氏が一五日のトランプ氏の発言を歓迎し、ツイッターで「トランプ大統領ありがとう。シャーロッツヴィルの真実を語ったあなたの正直と勇気、そしてBLM(黒人人権保護運動)とAntifa(反ファシズムを謳う左翼活動)の中にいる左派テロリストを強く非難したことに感謝します」と投稿したことも紹介している。そして、米労働総同盟産別会議(AFL-CIO)会長のリチャード・トラムカ氏が諮問会議「製造業評議会」の委員を辞任、「『偏見と国内テロを容認する大統領』のために働くことはできないと述べた」こと、民主党の上院議員であるチャック・シューマー院内総務がツイッターで「偉大かつ良き米国大統領たちは国を分裂させるのではなく団結させようと努力した。ドナルド・トランプの発言は明らかに彼らとは違うことを示している」と投稿したことを紹介している。他の政治家や経済界の重鎮も、社会的責任として差別と闘うか否かが、価値あるニュースになるのである。

ここまで、やや長めに外国メディアの報道を紹介したのは、政治家の差別に関する報道の観点が、日本とまったく異なることを確認したかったからだ。いったいなぜこのような違いが生じるのか。その背景には、日本と欧米先進諸国の反差別規範の違いがある。

2　欧米先進諸国と日本の反差別規範の違い

反レイシズム2.0の欧米と、反レイシズムゼロの日本

深刻な差別・極右活動があるという共通点があるとはいえ、欧米と日本とでは、反差別の世論・運動、そして国・自治体による法律・政策のレベルの桁が違う。もっともわかりやすい法制度に着目して、その違いを**表2**のようにまとめてみた。

まず表の行に着目してほしい。欧米では二つの共通点があることがわかる。①半世紀前に、差別禁止法がなんらかの形で作られている。②その後、半世紀かけて差別禁止法制が改正され続けている。

それに対して日本は、いまだに包括的差別禁止法がない。いわば差別を止めるブレーキのない日本は、欧米に比べて二周も遅れているのである。このことが差別に関するメディアの報道に及ぼす影響は、知られていない割にあまりにも大きい。もっとも初歩的なことを言えば、「何が差別で何が区別なのか」という、基本的で客観的な反差別のモノサシ（尺度）を、メディアは国内の法律や政策に見いだすことができない。自治体や警察や政府が差別やヘイトクライムの統計を取っていないので、それを当てにすることもできない。

次に、表の列に着目してほしい。欧米先進諸国の中でも、差別を禁止する方法にいくつかタイプがあることがわかる。もっとも基本的なものは、人種差別撤廃条約タイプというべきもので、その「人種差別」の定義（第一条）は、「人種、皮膚の色、世系又は民族的若しくは種族的出身に基づくあらゆる区別、排除、制限

表２　先進諸国の反レイシズム政策比較

反レイシズム	米国型	欧州・国連型			ドイツ型	日本型
		英国	フランス	国連		
ゼロ						レイシズムが見えない（差別と区別が未区分）
1.0	1964年公民権法	1965年人種関係法	1972年法	1965年人種差別撤廃条約	1960年民衆煽動罪（刑法改正）ナチ訴追，歴史教育	なし※
2.0	同法改正，68年連邦保護法（KKK法），90年ヘイトクライム統計法，94年ヘイトクライム判決強化法ほか	同法改正（68，76，00，03年等），86年公共秩序法ほか	同法改正（75，83，89，90，02年他），90年ゲソ法ほか	一般的勧告1〜35ほか	同法改正（85年ほか），94年ホロコースト否定罪追加ほか，ナチ訴追，歴史教育	なし

※はとくに在日コリアンに関してである。たとえば被差別部落問題に関しては，1969年に同和対策事業特別措置法が時限立法として制定されている。

（出所）梁英聖『日本型ヘイトスピーチとは何か』影書房，2016年，第４章。

又は優先であって、政治的、経済的、社会的、文化的その他のあらゆる公的生活の分野における平等の立場での人権及び基本的自由を認識し、享有し又は行使することを妨げ又は害する目的又は効果を有するもの」である。差別かどうかの判定基準は、①（人種／民族的）グループへの、②不平等な、③効果、の有無である。このように集団への不平等を差別と定義する差別禁止法制は、欧米はじめ世界で広く用いられているスタンダードなものと言ってよい。

それに対し、ナチの台頭を許しユダヤ人虐殺の歴史を抱えたドイツは、まったく特殊なやり方で差別を規制してきた。一九五〇年代末のネオナチ台頭に対応して、旧西ドイツは一九六〇年に刑法を改正し、民衆煽動罪を導入した。それは直接、集団への不平等を差別と規定して禁止するものでなく、民衆の一部を煽動する行為を規制するものだったが、その後極右規制をおこなう過程の中で、具体的な司法システムにおいて「ナチとの本質的類似性」が、有罪か否かの判断基準となってきたのである（米国型については後述）。

このように、大きく分けて（A）グループに対する不平等を規制する方法と、（B）過去の侵略・虐殺史との類似性をもとに差別・極右を規制していく方法がある。戦後日本はそのどちらによっても、差別・極右を規制するモノサシを社会に定着させることができなかった。Aタイプの差別禁止法がないことは、日本で市販されている履歴書に、米国では違法となる性別・年齢・顔写真欄が堂々と印刷されていることに象徴されている（前掲拙著、序章参照）。また、仮にBタイプの差別規制が定着していれば、日本軍性奴隷制の歴史を歪曲し、差別を煽動する活動を、「旧日本軍のアジア侵略との連続性」というモノサシから規制できたはずだ。

ここまでの議論から、欧米と日本とでは差別・極右に対抗するときの課題の次元がまるで異なることがわかる。欧米では反レイシズム2.0へのアップデートが、つまり既成の反差別法制の改正に加え、法規範では対処できない差別の根絶が問題となる。しかし日本では、欧米では五〇年前に成立したベーシックな差別禁止法（反レイシズム1.0）の獲得が問題となる。日本で差別に反対するのがきわめて困難なのは、差別に反対する上で依拠できるだけの社会通用性のある客観的な規準が、日本社会のどこにも見当たらないところが大きい。ゆえに、人種差別撤廃条約などの国際人権規範をモノサシにして、日本の差別を批判していくことが非常に重要になる。

差別の判別基準に加え、極右の判別基準も欧米では定着している。極右の定義は一般に、民主主義を暴力や差別で否定する右翼を指す。極右はとくに差別煽動活動と関連づけられて理解されており、人種差別撤廃条約第四条でその活動・組織を法規制してでも取り締まるべきことが規定されている。KKKやネオナチは、欧州では存在自体がご法度とされ、ドイツはじめ強力な法規制がある国もある。米国でも、後述するように強力な社会運動・NGOによる抑止がある。だが戦後日本は、差別の判別基準づくりに失敗したのと同時に、極右の判別基準づくりにも失敗したのだった。

もしも戦後日本が、憲法九条規範を実質化する上でも、反極右規範の定着に成功していたら、森友学園事件は単なる汚職事件や、公文書改ざんなど安倍政権のガバナンスの問題としてのみ取り上げられることはなかっただろう。同学園が在日コリアンを差別する手紙を保護者に送りつけたり、教育勅語を園児に暗唱させるなどの極右教育をおこなったこと、その極右学園に首相夫人が賛同を表明したことが発覚した時点で、安倍政権は倒閣されていたはずだった。仮に、ヒトラー時代の軍国教育をおこない、ユダヤ人保護者に差別の手紙を送る幼稚園に、ドイツ首相の夫が賛同していたらどうなるだろうか。

政治への極右浸透と、政治による差別煽動への対応の違い

同じ差別でも、庶民の差別と政治家の差別とでは社会的影響力の桁が違う。もっとも深刻な差別が、国・自治体そして政治家・政党による差別なのは、それが市民社会の差別を強力に煽動するからだ。人種差別撤廃条約第四条c項で、国や政治家による差別が明確に規制されている理由でもある（詳しくは拙著第二章参照）。

日本における政治による差別煽動効果は、欧米と比べてどのように異なるか。**図1**を見てほしい。欧米では強力な差別禁止規範が成立しており、政治家の差別煽動もご法度である。そのため、極右政治家はその反差別規範に対応せざるをえない。たとえばオランダの極右政党「自由党」の場合は、イスラモフォビア（イスラム嫌悪）を、直接差別することではなく、同性愛擁護と宗教批判で煽動することで、反差別規範に順応しつつ事実上差別をおこなう高等戦術をとった。反対にトランプ大統領は、あえて米国的反差別規範に真っ向から挑戦している。あえてそうすることで、猛批判を浴びるとともに圧倒的なメディアの注目を引きつけ、「ポピュリズム」に活用したのである。

だが日本では、右記に匹敵する反差別規範がない。そのため政治空間に差別や極右が自由に浸透し、そこから強力な差別煽動効果が社会に向けて放たれている。二〇〇〇年代のヘイトスピーチ頻発を引き起こした原因とは、差別を止めるブレーキ（差別禁止法）が壊れていることであり、差別を煽るアクセル（政治への極右浸透による差別煽動）が強く踏まれていることにほかならない。まずは五〇年前に欧米で作られた差別禁止法程度の、基本的な差別禁止規範というブレーキを社会的に構築しなければ、差別煽動と極右の台頭を食い止めることはできない。

図１　政治空間からの差別煽動

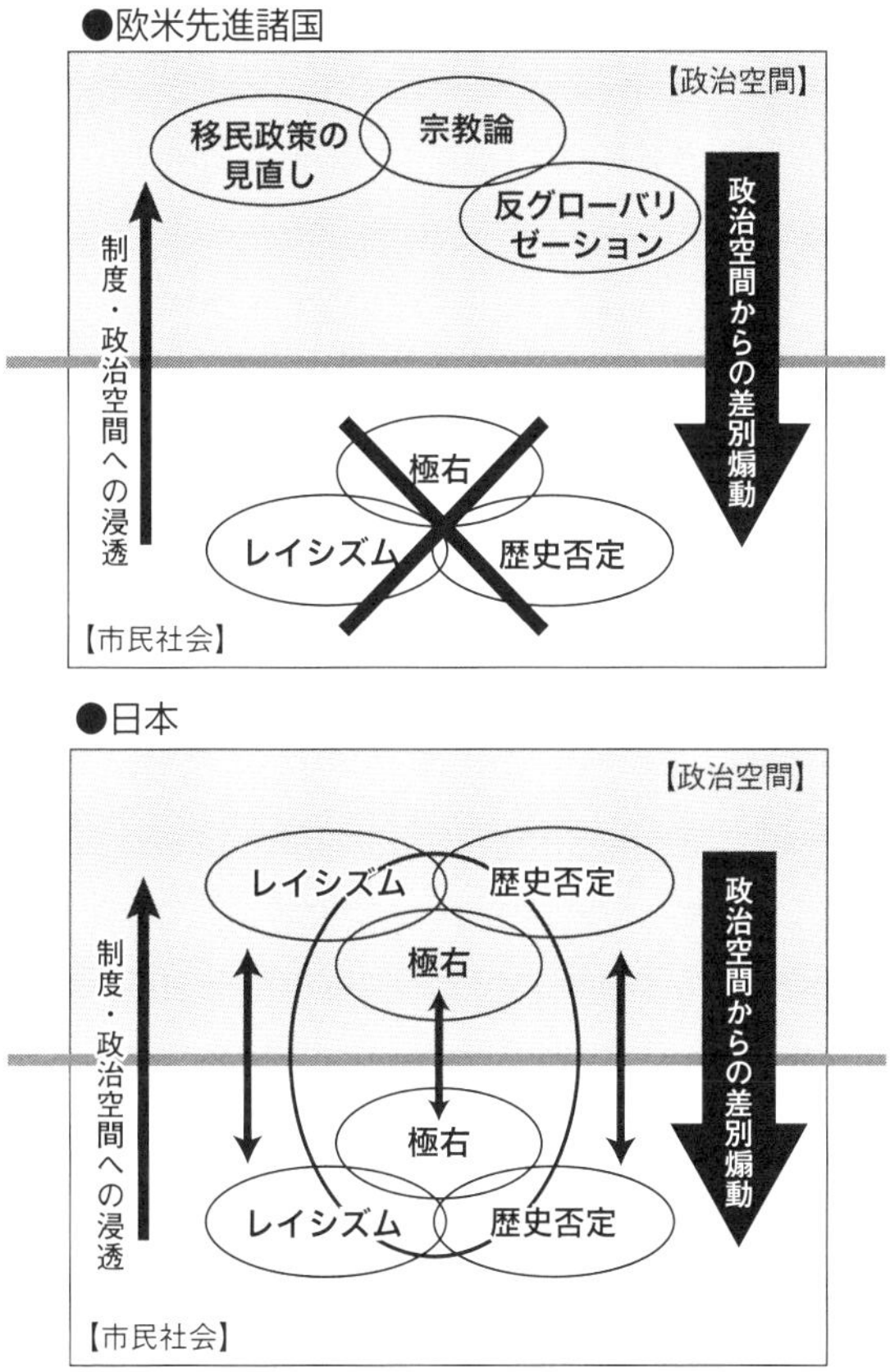

上図：欧米先進諸国では政治空間でのレイシズムと歴史否定は建前上は許されず，極右勢力も基本的には締めだされている（政治空間に浸透する場合は「極右ではない」と自己主張し，移民・反グローバリズム・宗教論にレイシズム・歴史否定を変換）。

下図：日本では戦前の侵略戦争・植民地支配が不処罰のままであり，極右を定義できない。反レイシズム・反歴史否定の規範もない。そのため政治空間でさえレイシズム・歴史否定・極右が野放しであり，それらを市民社会と政治空間を横断する形で組織可能である。その結果，政治空間から市民社会に向けた差別煽動の効果がきわめて強く，市民社会でレイシズムが暴力と結びつく社会的回路が高度に発達。

（出所）『日本型ヘイトスピーチとは何か』第５章。

ヘイトウォッチという戦術――米国の反極右運動から

以上を踏まえれば、前述のトランプ大統領に関するメディア報道でみた、①政治家の差別、②政治家と極右との関係、③政治家が差別・極右と闘わないこと、が大ニュースになる事情がわかるだろう。

前記の反差別規範は法律・政策だけでなく、もちろん市民社会の反差別運動が支えてきたものだ。米国の事例を紹介したい。欧州と米国を人種差別撤廃条約タイプとひとまとめにしたが、重要な違いがある。英国やフランスなど欧州では、半世紀前の差別禁止法で差別と差別煽動をともに規制してきた。だが米国では、強力な差別禁止法である六四年公民権法が作られたときから現在まで、行為／言論の特殊な二分法が存在する。憲法修正第一条のもと、差別を行為と言論に二分し、法規制は前者に限定し、後者については自由を擁護する規範である。実は「ヘイトスピーチ」という言葉は、公民権運動後の八〇年代の反差別運動の中で、それまで「言論」に分類されてきた差別発言も「行為」として規制すべきだという、主にマイノリティからの異議申し立てとして提起されてきたという文脈があった。

「言論」に分類されれば差別的言動も自由であり、KKKのような極右組織が存在するのも自由である。こう言うと、米国に極右規制がないように見えるかもしれないが間違いだ。極右が差別行為に及ぶと、これは規制の対象になる。加えて重要なのは、極右がNGOや市民による強力な反対運動と監視活動にさらされており、とくに極右抑止については、FBIとも連携する強力なヘイトウォッチNGOが機能していることだ。米最大のヘイトウォッチNGOのひとつであり、ARICも情報共有などで連携するSPLCの活動を紹介したい(8)。

ヘイトウォッチNGOとは、差別・極右活動を監視し、情報を収集し、それを公開・活用することで極右を封じ込めるNGOである。その数は一九九九年時点で、全米で三〇〇以上確認されている。主要八団体だけで、年に動かす会計は三億ドル以上（二〇〇〇年度）。うち半分が収入である。SPLC一団体だけでも、一週間に一〇〇〇記事ほどをクリッピングし、一五〇誌の極右系雑誌に目を通し、極右団体・個人の活動に目を光らせているという。その調査がいかに執拗で徹底的であるかは、英国のEU離脱直前に発生した、残留派のホープであるジョー・コックス議員の暗殺事件で明らかにされた。英国在住の容疑者が、一九九九年から二〇〇三年まで米国の白人至上主義の極右団体「ナショナルアライアンス」と関係をもっていたことを、米国のSPLCがインターネット上で即座に公開したが、そのデータの中には、過去に火器作成マニュアルを米極右団体から購入したときの注文書の写真まで含まれていた(9)。

SPLCは極右を法廷闘争で追い込む。たとえばヘイトクライムが起きた場合、SPLCは被害者を支援し、加害者本人の責任のみならず、その所属する極右団体（事実上影響を及ぼした団体を含む）の責任者も同時に訴える民事訴訟に出る。それで懲罰的賠償を勝ち取り、極右団体とその責任者に巨額の債務を負わせ破産に追い込み、活動を事実上壊滅させるという戦術で結果を出している。

最初に紹介した、トランプ氏が大統領に当選したことが全米で差別を煽動した事実は、SPLCが即座に差別実態調査をおこなったことから明らかとなった。それに加えて、差別禁止法制のある米国では、差別とヘイトクライムの政府統計に依拠することで、政治による差別煽動を検証し報道することももちろんできる（FBI統計で、ムスリムへのヘイトクライムが近年急増したことが判明したなど）。

日本では、差別に関する政府統計が存在しないため、メディアはそれを報道の材料にすることができない。また「わかりやすい被害者」の紹介依頼をかけることはあっても、NGOの調査に関心をもつことは稀である。その結果、日本では政治がどれほど差別を煽動しているか、まったく見えないのである。だが政治は強力に差別を煽動している。

一例を挙げよう。ARICも、SPLCのように政治による差別煽動と極右のヘイトウォッチをおこなっているが、二〇一六年一一月一五日のサッカーW杯予選の日本vsサウジ戦に関するツイッター投稿の中に「土人」という差別語を用いた差別ツイートが急増したことが判明した（「サウジアラビアの金猿ども。土人出し過ぎ。抗議ばかりで馬鹿まるだし。ほれ五億だぞ」など）。一九〇件の差別ツイートのうち実に四六件が「土人」なる語を含んでいた理由は、明らかにその前月一八日に発生した、沖縄・高江での機動隊による「土人」発言である。ARICはサッカーW杯予選のスタジアムおよびツイッターでの差別を調査しているが、サウジ戦以前には「土人」を用いたサッカーでの差別は皆無であった。

日本で政治による差別煽動が実際に庶民の差別を引き起こすことを、ヘイトウォッチが実証したことになる。当該機動隊員は処分されたものの、鶴保庸介沖縄北方相が一一月八日に「人権問題であるかどうかの問題を第三者が一方的に決めつけるのは非常に危険なことだ。言論の自由はどなたにもある」と「土人」発言を擁護したことが、差別煽動効果をもったのは明らかであった。とくに警察力を行使する機動隊員や政治家を、人種差別撤廃条約第四条c項の違反として、適当な仕方で批判・処分する社会的重要性を示す事件だった。しかし、プレスリリースを新聞・テレビ主要各社に送ったが取り上げた機関はゼロであった。

さて、以上から、ヘイトスピーチも表現の自由として守られているといわれる米国でも、強力な差別禁止法制を背景に、市民による極右抑止がきちんと機能していることがわかる。反差別運動に巨額の寄付が集まり、極右団体が懲罰的賠償によって破産するリスクにさらされている米国とは対照的に、反差別運動が資金難にあえぐ一方、在特会が多い年で一〇〇〇万円を超えるカンパを集め、専従を養えるのが日本なのである。

3　日本型ヘイトウォッチの提唱とメディアの責任
――反レイシズムゼロの日本でメディアにできること

反レイシズム2.0の欧米とは異なり、それに五〇年遅れる反レイシズムゼロの日本では、もっとも基本的な反レイシズム1.0（差別禁止法、規範）の構築が課題であることをくりかえし強調してきた。そのために市民社会は、日本型ヘイトウォッチというべき取り組みをおこなう必要がある。それは、人種差別撤廃条約をモノサシにして差別と極右活動を記録し情報公開することで、反差別規範（何が差別で何がそうでないか、何が極右で何がそうでないか）を地道に根づかせていく活動である。それは、NGOとメディアの（批判的）協同作業なしに成立しえないだろう。

決定的に重要なのは、次の差別のウォッチである。

①国会議員・地方議員・政党関係者をはじめとする公人による差別

②在特会などの在野の極右の動向

③警察・自衛隊・海上保安庁など軍事・警察部門における極右の浸透

ARICでは、①を対象とするヘイトウォッチ活動として、政治家レイシズムデータベース（https://antiracism-info.com/database_home/）を運営している。掲載基準は人種差別撤廃条約に違反する（違反の疑い含む）かどうかであり、四四三六件（二〇一八年四月二三日現在）の言動が公開されている。このデータベースの目的は、日本に存在しない反差別基準（ブレーキ）と、政治による差別煽動（アクセル）を可視化させ、それらを分析することで、極右相互の関係やヘイトクライム発生リスクを分析できるようにするものである。

そして、日本型ヘイトウォッチがうまくいくかは、メディアの報道姿勢にかかっている。日本のメディアが差別に関して負う責任は無数にあるが（そもそも社内や取材先でのセクハラを防げていない問題など）、やはり社会の差別と闘うという責任がまず果たされねばならない。

周知の通り、もっとも酷いヘイトクライムであった京都朝鮮学校襲撃事件や相模原障がい者殺傷事件、朝鮮総連中央本部銃撃事件などについてさえ、日本政府や閣僚、与党自民党から野党の政治家まで、一部を除き差別として批判しなかった。問題は、差別と闘わない政治家を日本のメディアが批判しないことである。本稿で紹介した外国メディアの報道姿勢を参考にして、差別と闘わない政治家を積極的に批判しなければならない。とくに政治家の極右との関係と、政治家や国・自治体など責任ある者が「差別と闘わないこと」をニュースにするという姿勢が決定的である。

その際、米国SPLCをCNNやBBCなど大手メディアが主要な情報源にしているように、NGOやマイノリティ団体と協力・信頼関係を結び、積極的に報道すべきである。心あるジャーナリストは、ぜひ政治家レイシズムデータベースを活用していただきたい。残念ながらいまの日本では、政治によって煽動された重大なヘイトクライムがいつ起きてもおかしくない状況にある。それを食い止めるためにも、陰に陽に組織化を遂げつつある日本の極右ネットワークの解明や、その危険性についての情報発信を、NGOとメディアが協力して進めてゆくべきであろう。そうしなければ、次の重大なヘイトクライムの防止にはまったく間に合わないと思われる。

最後に、さまざまな事情から差別を報じにくいポジションにいる「メディア人」でも無理なく実行できることを提起したい。

第一に、欧米の差別報道をそのまま「輸入」することである。差別がニュースになること自体がまだ日本ではめずらしいので、実は外国の差別ニュースを加工せず紹介するだけで重要な仕事になる。日本にはない欧米レベルの差別の判別基準をそのまま輸入することになるので、下手な記事よりずっと意義がある。

第二に、日本国内の差別を「客観的」に報道する際に、「わかりやすい被害者」の声を無理に拾おうとせず、なるべく国際人権条約をモノサシとし、それに違反しているか否かを調べ、報道することである。さらに、研究者かNGOスタッフのコメントを載せることだ。

第三に、これも国際人権条約をモノサシにして、政治家の差別発言や、差別事件発生時の政治家のコメントを報道すること。性差別の例になるが、たとえば財務次官が記者にセクハラをおこなった事件について、閣僚や自民党幹部や野党議員ら政治家が、強く批判コメントを出さなかったことをニュースにするのである。「……と○○氏は述べ、明確に差別を批判しなかった。」の一文を定型文にするぐらいは書いてほしい。かつてジャーナリストの本多勝一は文章表現での「紋切型」を唾棄した。しかし冒頭で紹介したトランプ氏を批判する海外報道のようなタイプの反差別報道は、ある程度「紋切型」あるいは「パターン化」しているとも言える。日本では反差別運動とメディアの差別批判が弱すぎて、「紋切型」の反差別文化さえつくれなかったのである。

酷なことを言えば、欧米並みの反差別規範のない日本では、メディアが中途半端にマイノリティの声を取り上げた場合、その人を極右による襲撃やヘイトクライムの標的として差し出すだけに終わる可能性も高い。

そんなリスクを取らずとも、メディア自らが人種差別撤廃条約をモノサシに、差別と闘わない政府、閣僚、政党、政治家を批判するほうが、はるかにマイノリティにとって安全であり、反レイシズム1.0を築く上で手堅い社会的効果がある。それができてはじめて、日本のメディアがマイノリティの声を紹介することも活きてくるのではないだろうか。

注

（1）http://www.afpbb.com/articles/-/3109644
（2）表中のデータ出典は以下の通り。なお表作成に当たりARIC学生ボランティアの協力を得た。記して感謝したい。
［1］CNNより　http://edition.cnn.com/2015/11/22/politics/donald-trump-black-lives-matter-protester-confrontation/
［2］政治家らの発言の正確性を評価する「ポリティファクト」より　http://www.politifact.com/truth-o-meter/statements/2015/nov/23/donald-trump/trump-tweet-blacks-white-homicide-victims/
［3］「KKK元幹部が『支持』表明　トランプ氏の対応に非難集中」CNN　http://www.cnn.co.jp/usa/35078660.html
［4］「ドナルド・トランプ氏語録――止まらない『暴言』の嵐」AFPBB News　http://www.afpbb.com/articles/-/3070334/
［5］「『同性婚は違憲』と主張するトランプ氏、なぜかレインボー・フラッグでLGBT擁護をアピール」ハフィントンポスト　http://www.huffingtonpost.jp/2016/11/01/trump-bizarrely-displays-rainbow-flag_n_12744986.html
［6］「トランプ氏のツイートに『反ユダヤ的』の批判　騒動の経緯は?」CNN　http://www.cnn.co.jp/usa/35085427.html
［7］「トランプ氏、『中絶した女性に刑罰を』発言　批判受け修正」CNN　http://www.cnn.co.jp/usa/35080424.html
［8］その他の発言については、「トランプ氏の女性蔑視語録『スターなら女はやらせる』『女は三五歳まで』」AFPBB

News より　http://www.afpbb.com/articles/-/3103888

（3）https://www.cnn.co.jp/usa/35078660.html

（4）「米、白人至上主義グループと反対派が衝突　三人死亡」朝日新聞二〇一七年八月一三日 https://www.asahi.com/articles/ASK8F2C88K8FUHBI002.html

（5）明戸隆浩「アメリカ・シャーロッツビルに白人至上主義者が集結　その背景と経緯、そして今後」（Yahoo! 個人ニュース）などを参考にした。https://news.yahoo.co.jp/byline/akedotakahiro/20170814-00074502/

（6）http://www.bbc.com/japanese/40932809

（7）http://www.bbc.com/japanese/40944966

（8）以下 George Michael（2004）"Right-wing Extremism in the Land of the Free: Repression and toleration in the USA," Cas Mudde and Roger Eatwell eds. *Western Democracies and the New Extreme Right Challenge*, New York, Routledge, pp.172-192. を参照した。

（9）https://www.splcenter.org/hatewatch/2016/06/16/alleged-killer-british-mp-was-longtime-supporter-neo-nazi-national-alliance

第5章　メディアの党派化と世論の分断
――言論の自由と公正をどうバランスするか――

大阪大学大学院准教授／コミュニケーション論
辻　大介

はじめに――党派化するメディア

たとえばここ五年ほどの全国紙の紙面をみても、メディア報道のあり方は少なからず変わった。もともと読売・産経は親自民、朝日・毎日は反自民の色あいが強かったが、それがより露骨になってきた。程度の差はあれ、放送、出版もそうだろう。公正中立を（タテマエであれ）重んじていたマスメディアが全般に「党派《パルチザン》メディア」化しつつある。

ネットの普及に押されて人々のマスメディア離れが進み、新聞社も放送局も経営が苦しくなっている。万人向けの定食メニューでは、顧客がネットへと離れていくのをとどめられない。ネット情報と同じように、味つけを濃くした特色あるメニューにしなければ。党派化の背景には、こうした焦りがあるだろう。

党派化それ自体が、ただちに悪いというわけではない。ただ、本書各章でも述べられているように、主義主張を強く打ち出すあまり、事実確認（裏取り）をないがしろにする動きも目立ち始めている。まさに「ポスト真実《トゥルース》」の時代だ。

マスメディアが事実や公正中立をかならずしも重んじなくなれば、何を信じるかは受け手の側に委ねられる。信じたいものを信じる。そういう動きも、ネットユーザーの一部にはすでにあらわれている。しかし、何を信じるかは自己判断・自己責任で、と言われても、多くの人は困るのではないか。少なくとも負荷が高すぎると私は思う。

この原稿を書いているさなか、安倍政権は放送法第四条の撤廃を含む改革案を打ちだした。第四条は、政治的公平性や事実を曲げない報道を放送事業者に求めるものだ。この条文は、解釈によっては憲法二一条の保障する表現の自由に反する可能性が指摘されてきた。またマスメディア各社も、報道への政治的干渉を招きかねないことを批判してきた。それゆえメディア業界は、この改革案を言祝《ことほ》いでもよさそうなものなのだが、番組の質が低下する懸念をいまさらのように表明したりしている。どうも歯切れが悪い。報道・言論の自由と公正との折りあいをどうつけるべきか、あまり真剣に考えてこなかったのではないか。

世界でもっとも自由を重んじる国、アメリカでも、かつては放送に公正性の箍《たが》をはめていた。連邦通信委員会は、その公正性原則《フェアネス・ドクトリン》を一九八七年に撤廃。その後、公正性原則のもとで定められていた関連法規も廃止されていき、二〇一一年にはほぼ完全に姿を消す。それにともなって、FOXニュースのような共和党寄りの党派色の強いネットワーク局が誕生し、二〇一六年の大統領選挙にみられたような、メディア間の政治的対立、世論の分断状況をもたらしたともいわれる。ちなみにFOXニュースが掲げている標語は、皮肉にも「公正公平 Fair and Balanced」である。何が公正な立場かは、それぞれの主義信条によって異なってくるものだから、それはそれでよしとしよう。だが、このことひとつをとっても、社会の中で報道・言論の自由と公正のバランスをうまくとることがいかに難しいか、よくわかる。

以下では、いわゆる「ネット右翼」現象をひとつの題材として、公正よりも自由に天秤が傾くことが、いまの日本社会においてどのような危うさを孕《はら》むかを、まず確認していく。二〇〇七年に結成された「在特会（在日特権を許さない市民の会）」は、ネット右翼が母体となって生まれたものだ。彼ら彼女らのきわめて差別的な言説は、ネットを介して野放図に広がり、事態は二〇一六年にヘイトスピーチ解消法が制定されるまでに立ち至った。このことは、自由と公正のバランスを失った言論空間の危うさを端的に物語っていよう。

ただ、ここではこうした個別具体的な事例を少し離れて、私がおこなった調査のデータを元に、俯瞰的な視点から全体状況を把握し分析していきたい。木にばかり目を向けていては、森の生態系全体が抱える問題を見落としてしまうこともあるからだ。

あらかじめ述べておくと、問題のポイントは二つある。ひとつは、ネット社会においては一部の意見が過大視され、世論の多数派であるかのような錯覚が生じがちなこと。もうひとつは、世論が賛否の両極に分化し、社会的分断を深める可能性があることだ。これらの問題を乗り越え、自由と公正のバランスのとれた言論空間を確保するには、どうすればいいのか。本章の最終節では、そのためのひとつの方向性を提示する。

1　ネット社会における世論の錯覚

「ネット右翼」あるいは「ネトウヨ」。もともとは匿名掲示板「2ちゃんねる」[(1)]で使われていたジャーゴンだが、いまでは広く一般に知られる言葉になった。

だが、中にはおもしろい勘違いをする人もいる。大学の講義で、ネット上の排外主義について取りあげたときのことだ。授業の終わりに提出してもらった質問・コメントシートに「〝ネトウヨ〟って〝ネット右翼〟という意味だったんですね。ネットにウヨウヨしてるやつのことだと思ってました」と書いてきた学生がいた。思わず笑ってしまったが、ネット上には「ネット右翼」がウヨウヨいる、そんな印象をもつ人は、この学生以外にも多いことだろう。実際のところ「ネット右翼」はどのくらいいるのだろうか。

まずはこの点を、二〇一七年一一月に実施したウェブ調査のデータからみてみよう(2)。調査対象者は、NTTコム - リサーチとその提携事業者の登録モニターのうち一六〜六四歳の男女で、四〇〇七人から有効回答を得た。

分析するにあたってはまず、どういう人が「ネット右翼」にあたるのかを定義しておかなければならない。とはいえ、明確に定まった学術的定義などあるはずもなく、こういう場合は、世間一般に分け持たれているイメージの最大公約数的なところを取り出し、操作的(便宜的)に定義することになる。今回は次の三つの条件を満たすケースを「ネット右翼」と定義づけた。

ひとつめの条件は、保守的(あるいは右派的)な政治意識である。具体的には、「憲法九条一項(戦争放棄)の改正」「同二項(軍隊・戦力の不保持)の改正」「首相や大臣の靖国神社への公式参拝」「小中学校の式典での国旗掲揚・国歌斉唱」「小中学校での愛国心教育」、これらすべてに賛成と回答したケースだ。この条件に該当するのは、調査回答者全体のうち一〇%だった。

二つめは、いわゆる「嫌韓嫌中」感情であり、韓国にも中国にも「親しみを感じない」と回答したケースである。これに該当するのは、近年の両国との関係とその報道を反映してか、六二%と過半数にのぼる。政府が毎年おこなっている「外交に関する世論調査」にも同じ質問があるのだが、二〇一七年調査で韓国に「親しみを感じない」者は六〇％、中国に対しては七九％と、一〇年前に比べて、いずれの国についても一五ポイント以上増えている。

三つめは、政治や社会問題について、過去一年間にネット上で意見・考えを発信したり、議論に参加したことがある、という条件だ。これには全体の二二％が該当し、中でもツイッターやブログなどが比較的よく用いられている傾向にある。

では、本題に入ろう。以上三つの条件すべてに当てはまる「ネット右翼」層は、全回答者四〇〇七人のうちの八五人、二・一％であった。これを多いと見るか、少ないと見るかは人によって違うかもしれないが、五〇人に一人という割合は、「ウヨウヨいる」という印象とはいささかかけ離れていよう。

また、ウェブ調査では回答者がネットのヘビーユーザーに偏り、「ネット右翼」にもヘビーユーザーが多いため、この二・一％という数値は実際より高めに出ていると思われる。ランダムサンプリングによる調査ではないので、厳密な推計は難しいのだが、事後層化という手法で簡易補正をかけると、「ネット右翼」率は一・一％まで下がる。一〇〇人に一人、もしくはそれを下まわるくらいが実情だろう。

さらに断っておかなければならないのは、この調査で「ネット右翼」に該当した八五人が、在特会のようなヘイトスピーカーばかりとは限らないことである。「政府はヘイトスピーチをもっと厳しく取り締まるべきか」を尋ねた質問項目に対して、「そう思わない」と答えた反対派は八五人中三八人、半分以下にとどまる（それに対して、「ネット右翼」層の中でも二七人は規制に賛成している）。このことを考えあわせると、ネットでヘイトスピーチをまき散らしている差別主義者は、ネットユーザーの中で二〇〇人に一人いるかいないかだ。

それにもかかわらず、どうして「ウヨウヨいる」かのような印象が生まれるのだろうか。いくつか理由がある。ネット上では、お互いのいる場所が何百キロ離れていようと、たやすく2ちゃんねるに寄り集まったり、ツイッターで群れてターゲットに悪口雑言を浴びせたりすることができる。二〇〇人に一人の存在でも、仮に一万人中の五〇人がネット上のひとところに蝟集《いしゅう》すれば、それなりに数としては多く見えてしまう。

また、これまでの研究によれば、排外主義的なツイートやニュースサイトへのコメント書き込みは、そのうちの大半をごく一部のユーザーが発信していることがわかっている。[3] たとえば、仮に「在日特権はある」とする発言を一人が一〇回書き込み、「ない」とする発言を九人が一回ずつ書きこんだとしよう。これが顔の見える対面的な状況であれば、特権肯定派は口数は多いが一人だけで、否定派が圧倒的多数であることは誰の目にも明らかだろう。しかしネット上では、誰がどの発言をしたかはかならずしも判然としない。発言の数だけで見ると、一〇対九で肯定派のほうが過半数であるかのように思えてしまう。

ネットでは「声の大きさ」と「人数の多さ」が混同されやすいのである。加えて、最近おこなわれた日本のネット空間での情報流通の分析からは、右派的な言論・情報のほうが、より多く拡散される傾向にあることが明らかになっている。SNSやまとめサイトが、いわば拡声器の役割を果たすわけだ。それによって「ネット右翼」の声はますます増幅され、一〇〇人中の一人とか二〇〇人中の一人にすぎない存在が、どんどん過大視されて――過視化されて――いくことになる。

ここまでの話をまとめておこう。ネットでは、一部の極端な意見・言論が、あたかも多数派であるかのような錯覚が生じやすい。マスメディアがそれを世論の実態ととらえて後追いすれば、その錯覚はさらに強められてしまう。人は、意見の内容や説得力によってだけでなく、それに賛成する人数の多さにも影響される。

社会心理学でいうところの同調圧力だ。いまのメディア状況のもたらす錯覚は、この同調圧力を高め、排外主義的なヘイト活動を容認・黙認するような世論を広げかねない。世論の「ネット右翼」化である。

とはいえ、これだけでは、あくまで理屈から考えて懸念される可能性にとどまる。果たしてこの危惧は、実際にはどこまで当たっているのだろうか。次に、その点の検証へと話を進めよう。

2　ネット社会における世論の分極化

今回の二〇一七年調査では、外国人一般に対する排斥感情を四つの質問項目で測っている。たとえば、日本に住む外国人が増えると犯罪発生率が高くなると思うか、日本人から仕事を奪っていると思うか、といったものだ。これらの回答データを主成分分析という手法でひとつにまとめて、排外主義的な意識の強さをあらわす「物差し」（尺度変数）をまず作る。次に、この物差しで測られた排外意識の強さと、ネットの利用時間が関連するかどうかを分析する。その結果からは、ネットをよく利用する人ほど排外主義的な意識が強い、という正比例的な関連傾向が認められた。

ただ、関連が見られただけでは、ネットが排外意識を高める原因になっている、とまでは言えない。もともと排外意識が強い人ほどネットをよく利用するようになる（自分の考えに合った情報や言論、仲間をたやすく探し出せるので）という、逆向きの因果もありうるからだ。そこで今回の調査では、ひと工夫加え、操作変数法という手法によって、単なる関連傾向ではなく因果関係に踏み込んだ分析ができるようにしてある。詳細な説明は、かなり専門的なややこしい話になるので、ポイントとなる結論のみを述べよう。(4)

ネットをよく利用することによって排外意識が強まる。因果としてはこの向きであって、逆ではない。分析結果からは、このことが統計学的に明確な形で示された。したがって、世論が「ネット右翼」化していくのではないか、という先ほどの危惧は実際、ある程度当たっていると言えるだろう。

ここで「ある程度」という留保をつけたのは、少し違った角度から分析を加えてみると、事態はそう単純ではないことが見えてきたからだ。

今回の調査では、〝排外主義〟的な意識と対照するため、日本社会における外国人の存在を肯定的に評価するような、いわば〝共生主義〟的な意識に関する質問も設けている。具体的には、外国人が日本の経済に役立っていると思うか、日本社会に新しい考えや文化をもたらしていると思うか、などの四項目だ。この共生意識についても先ほどと同じやり方で分析すると、ネットをよく利用することによって共生意識が強まるという因果関係が、やはりはっきりした形で確認されたのである。ひと言でいえば、ネット利用は排外意識も共生意識も、ともに強めるように作用するのだ。

そんな矛盾したことがあるか、何か分析を間違えたのではないか。読者の中には、そう思われる方も多いだろう。だが、かならずしもそうではない。

私たちが何かについて、肯定的な思いと否定的な思いを同時に抱くことは、日常生活の中でもめずらしくあるまい。ある人とのつきあいが増すほど、その人のいい面も悪い面もよくわかってくる。ネットで外国・外国人についてのさまざまな情報に接する場合にも、多かれ少なかれ同じことが言えるだろう。むしろ、いい面とともに悪い面もよく知っておいたほうが、相手とうまくつきあっていくにはプラスかもしれない。

しかしながら、調査データの解析をさらに進めてみると、こういうふうに、ネットでいい面と悪い面の両方の認識を深めている人たちというのは、どうも少なそうだ。むしろ、ネット利用がもっぱら排外意識を強めるように作用する人たちと、共生意識を強めるように作用する人たちとに分かれるようなのである。

どうしてこんなことが起きるのか。ひとつの要因は、情報の「選択的接触」（selective exposure）と呼ばれるものにある。私たちには、もともとの自分の考えや好みに合った情報や意見を選んで接触しがちな傾向がある。安倍政権をよく思わない人が、駅前のコンビニで新聞をひとつ買って読むとすれば、読売や産経ではなく朝日か毎日だろう。このようにマスメディアについても情報の選択的接触は生じるのだが、ネットにはさらにそれを加速する性質がある。

どうも韓国は日本のことを悪く言いすぎじゃないかと思っている人が、たまたま嫌韓ブログを見つけたとしよう。そこには、慰安婦問題は捏造だとする記事が書かれていて、同じ主張を掲げるサイトへのリンクばかりが並んでいる。それを批判するサイトへのリンクが少しは貼られていたとしても、嫌韓サイトは否定的な取りあげ方をしているので、わざわざクリックして詳しく読んでみようとはしないだろう。その結果、リンクをたどると同じような嫌韓言論ばかりが目に入り、ますます韓国への悪感情を強めていくことになる。

SNSでも似たことが起こる。ツイッターで嫌韓派が「サヨクを論破」している書き込みを見つけた。ちょっと胸がすくような思いがしたので、その人をフォローする。このようにして、フォローがひとつつながり、そこにまたフォローがひとつと、数珠つなぎになることで嫌韓の情報ネットワークが広がっていく。そこでは同じような考えの持ち主ばかりがつながり、嫌韓の声が互いに互いを反響しあって増幅されていく。

これを「エコーチェンバー（共鳴箱）」現象という。共鳴箱の中で、波長の合わない批判的な声はかき消される。「在日特権」のようなフェイクニュースでも、波長に合えば唱和され、トーンがますます高まる。一方で、そこから排除された批判的な声の側にも、同じようにして別の共鳴箱空間ができあがっていく。ネット利用が、一方の人々には排外主義的な意識を強めるように、他方の人々には共生主義的な意識を強めるように作用するのは、このような二つに分断された情報空間＝エコーチェンバーの効果による。

それによって生じるのが、人々の意見、世論の分極化（二極分化 bi-polarization）である。異なる二つの意見が対立すること、そのものが悪いわけではない。お互いの主張に耳を傾けて、意見をたたかわせることができれば、よりよい方向が見つかることもあろうし、また、その議論のプロセス自体が、意見の相違からくる社会的摩擦を減らすように働くだろう。問題は、エコーチェンバーの中に置かれると、相手の声が耳に届きにくくなることだ。仮に相手側と接する機会があったとしても、両極端に偏った考えをもつ人々の間では落ち着いた議論にはならず、往々にして感情的な非難・攻撃の応酬におちいってしまう。

世論が分断され、社会的な対立・亀裂の溝がいよいよ深まっていく。いまのメディア状況からもっとも懸念されるのは、そのことである。

3　言論空間のあるべき姿に向けて――「公正圏」と「自由圏」を分立させる

この危うさを乗り越えるには、どうすればいいのか。ネットはきわめて自由な言論空間だが、かならずしも公正性は保たれていない。そのことが危うさをもたらしていた。だから、ひとつ確かなのは、少なくとも当面の間、私たちは公正性の箍のかかった言論空間（情報空間）を手放すべきではない、ということだ。

マスメディアは、第1節で述べたような声高な一部《ノイジー・マイノリティ》のネット世論の過視化に惑わされてはならない。自分たちの記事・番組や報道姿勢に対する彼ら彼女らの評価・批判に踊らされないよう、怯まないよう、公正性を重んじた報道ポリシーをしっかり立てる。それこそが、ネット言論との差別化を図るエッジに——経営マーケティング戦略の面でも——なりうるはずだ。

味つけを濃くして個人個人の好みに応える専門店《ネット》が登場したため、人々はかつてほど定食屋《マスメディア》に通わなくなった。しかし、こってり味のラーメンがいくら好きでも、毎日毎食そればかりでは健康を損なう。そのことを、無口な多くの人々《サイレント・マジョリティ》はわかっている。二〇一五年におこなわれた全国調査によれば[5]、信頼できる情報を得るためにもっとも利用するメディアとして、ネットを挙げた人は一三%にすぎない。テレビ五五%、新聞二四%と、マスメディアに信頼を寄せる人が大多数だ。偏りなく栄養のとれる定食を、人々はいまでも必要としている。

万人向けの定食メニューを提供してきた大衆食堂が、味の濃さで勝負しようとしても専門店にはかなわない。生き残りを懸けるなら、別のところに目を向けたほうがよい。信頼できる素材《ファクト》を使い、栄養バランス——公正性——のとれた料理を出すこと。人々の日々の暮らしの基礎《ベース》となる健康食を供すること。これなら勝算も見込めるように思うのだが、どうだろうか。「マス」メディアから「ベース」メディアへの経営方針の転換である。

しかし、ここで立ちはだかってくる問題は、本章冒頭でも述べたように、人それぞれ、報道機関それぞれに、何が公正かの見方が異なることだ。公正か否かを誰が決めるのか、どうやって決めるのか。「表現の自由」が民主主義国家・社会において重視される理由もまた、まさにこの問題にかかわってくる。

J・S・ミルが一九世紀に著した『自由論』[6]は、いまでも表現の自由をめぐる法理・学説の基礎をなす。彼はまず、どれほど賢明な優れた人であっても、絶対に間違えないことはありえない、と考える。だから、明らかに間違っているように思える意見でも自由に表明させ、議論をたたかわせ、対立する意見を比較衡量して判断することが、正しい意見にたどりつくためにも重要なのだ、という。

このミルの考え方の妥当性は、数学的にも証明されている。「陪審定理」というのだが、小難しい証明は抜きにして、ひとつ例を使って説明しておこう。(7)

ある容疑者が有罪か無罪か、陪審員一一名の評決に委ねられたとする。最初は明らかに有罪と思えたが、弁護側の主張をよく聞いてみると、それなりに説得力がある。かなり判断の難しいケースで、検察側の主張とじっくり比較衡量したとしても、陪審員一人ひとりが正しく判断できる確率は五一％しかない。何も考えず、コイントスに任せたとしても五〇％の確率だから、比較衡量による上乗せ分はわずか一ポイントだ。

それでも陪審員一一名は、めいめいがよく考えて票を投じ、多数決で有罪か無罪かを決することにした。このとき、多数決の結果、正しい評決が導かれる確率を計算すると約五二％になる。一人が判断するよりも、わずかながら正しい結論の得られる確率が上がるのだ。一〇一名での多数決では五八％、一〇〇一名では七四％まで上がる。人数を多くすればするほど、さらに正しい結論の導かれる確率は高くなる。神ならぬ人間が一〇〇％絶対の正しさに達することはできないけれども、そこに限りなく近づいていくことはできるのである。

ただし、この「陪審定理」がうまく機能するには条件がある。陪審員が、主張・意見の内容をよく考えることなく、その声の大きさに惑わされ、感情に流されて判断すると、多数決の結果はかならずしも正しい方向に導かれない。むしろ多数派の横暴を招いてしまう。

そこで必要なのが、事実に基づいた多様な主張・意見を人々に伝え、冷静な判断に供する、公正な言論空間の確保である。そもそも公正《フェア》であることとは、何かしら特定の正しさを前提にして、その正しさの共有を迫ることではない。

スポーツにおけるフェアプレイは、対等な条件でルールを守ってたたかうことを指す。多くの観客もまた、そのことを望んでいる。言論をたたかわせるにも守るべきルールがあろう。事実の裏づけを十分にとり、必要とあらば、その確かさの根拠を示せること。対立する主張にも耳を傾け、一方的・感情的に相手を否定しないこと、等々。それらのルールを守れない者には退場してもらうしかない。それは仕方がない。プレイの優劣・勝敗の適切な判断を、観客（陪審員）ができなくなってしまうからだ。ルールに縛られたくない者には、場外で自由にやってもらえばよい。

これは、言うならば、言論空間を「公正圏」と「自由圏」に分けてはどうかという提案である。ジャーナリストの藤代裕之氏は、公正中立の制約を受けるかどうかで情報発信者を分ける制度を、すでに二〇一三年の段階で提唱している。

> ＮＨＫのような公共放送、（略）ネットで圧倒的なシェアを持つYahoo!ニュースは中立・公正発信者とする配慮も必要だろう。検索エンジンやソーシャルメディアも（略）一定シェアを超えれば中立・公正発信者となる。一方で、中立・公正発信者を選ばない場合は、読者に運営や編集の方針を明確に示すこととする。(8)

私の考えもこれに近い。

公正圏は、一定の独立性・自律性を保ちつつ、自由圏に対して、また社会全体に対して、事実性と中立性の基準点を示す。自由圏の情報発信者に関しては、その基準点に照らしてどのくらい信頼できるか、どのくらい極端な立場か、評価スコアをつけて公開するようにする。大手ソーシャルメディアのニュースフィードに、自由圏からの情報が流れるときには、発信者の評価スコアを「いいね！」と同じように表示することを義務づける（評価スコアは不明であってもよい。それはそれで読者の判断に資するだろう）。

自由圏は、公正圏に対して、プレイヤーがルールを守っているかに疑問があれば、自由に異議を申し立てればよい。その異議を受けいれるべきかどうかの審判は、公正圏の発信者からも、政府からも独立した第三者機関を設けて、(9) 異議が一定以上の量・水準に達したときにおこなう。それに際しては、陪審員裁判と同じように、専門家だけでなく一般からもそのつど委員を選び出し、討論型世論調査《デリベラティヴ・ポル》にかけるようにしてもよいだろう。これが、公正か否かを誰がどのように決めるのかという問題に対する、私なりの答えだ。

国家権力の三権分立と同じように、第四の権力たるメディアあるいは言論空間も、「公正圏」と「自由圏」に分けてバランスさせ、世論の分断・暴走に歯止めをかける。私自身、まだ細部まで考えを詰められてはいないし、現在の問題状況をすぐに解決することはできないかもしれない。しかし、道のりは困難であれ、めざすべきひとつの方向ではないかと思う。

読者諸賢はどうお考えになるだろうか。

注

（1）二〇一七年一〇月より「5ちゃんねる」に改称。

（2）この調査は平成二八年度電気通信普及財団研究調査助成によっておこなわれた。記して同財団に感謝申し上げる。

なお、調査報告書や関連論文は筆者のホームページ（http://d-tsuji.com）に順次掲載の予定なので、関心をお持ちの方はご参照いただきたい。

（3）高史明『レイシズムを解剖する――在日コリアンへの偏見とインターネット』（勁草書房、二〇一五年）、木村忠正「『ネット世論』で保守に叩かれる理由――実証的調査データから」（『中央公論』二〇一八年一月号）などを参照。

（4）詳しくは、辻大介「インターネット利用は人びとの排外意識を高めるか――操作変数法を用いた因果効果の推定」（『ソシオロジ』一九二号、二〇一八年）を参照。

（5）橋元良明編『日本人の情報行動二〇一五』（東京大学出版会、二〇一六年）を参照。

（6）邦訳はいくつか出版されているが、斉藤悦則訳の光文社古典新訳文庫版（二〇一二年）が読みやすい。

（7）厳密な数学的証明は、坂井豊貴『社会的選択理論への招待――投票と多数決の科学』（日本評論社、二〇一三年）を参照。

（8）YAHOO!ニュース、二〇一三年八月一一日付の記事「偏向報道が問題なら、メディアの中立・公正を禁止したらどうか」（https://news.yahoo.co.jp/byline/fujisiro/20130811-00026805/）を参照。

（9）放送法第四条が報道への政治介入を招きかねないとして問題になる一因は、放送事業者の監督権限が政府（総務省）の手に委ねられていることにある。かつては、戦前の報道統制への反省に基づいて行政から独立した第三者機関「電波管理委員会」が設けられていたのだが（一九五〇年設置）、わずか二年後にふたたび政府に吸収統合された。第四条が単に放送事業者の自主的努力を促す倫理目標でなく、法的な拘束力（法規範性）をもつという政府解釈を二〇一二年に打ち出した、時の民主党政権は――あまり知られていないようだが、はじめに打ち出したのは安倍自民党政権ではない――、他方でこの電波管理委員会のような第三者機関の復活を図ってもいた。が、政権交代によって頓挫したのである。

おわりに

ここ数カ月、毎日多くのフェイクニュースに接し、ネットを中心としたさまざまな荒れ狂う言説を読みふけった。その洪水に溺れると、胃の調子が悪くなり、徒労感に襲われ、こめかみがズキズキ痛んだ。

その中でもひときわ胸に迫ったのが、辛淑玉さんのことだ。二〇一七年一月に放送された東京MXの『ニュース女子』で、基地反対運動を煽動する首謀者として辛さんは描かれた。その後BPOは、当該の番組の取材に瑕疵《かし》があること、人権侵害がおこなわれたことを認めた。しかし辛さんは一連の過程で深く傷ついた。BPOへの意見書の提出、そして記者会見。それらは放送がなければ必要のないものだった。抗うことで、さらに攻撃を受け、それへの対応でまた膨大な時間や費用が奪われた。ついに辛さんは決断し、日本を離れドイツで暮らすことになった。「事実上の亡命」だと本人は記している。顚末は手記として琉球新報に掲載されたが、ウェブ配信は辛さんの希望で見送られた。なぜなら、ネットで配信された途端、新たな攻撃が始まるからだ。

二〇一八年三月、BPOの最終の意見書が出されるのに合わせて久しぶりに帰国した辛さんは、会見の場で涙をこぼした。なんということだ。日本社会は、フェイク番組の被害者をさらに痛めつけ、亡命を余儀なくさせるほど腐った社会になってしまったのか。

わたし自身も何度か標的にされたことがある。一七年前のETV2001番組改変事件では、直接「お前を殺す」という電話を受けたことがあったし、街宣車が自宅に押し寄せると予告を受けたこともあった。

重い病を抱えた幼児を助けるための募金活動のリーダーになったときには「死ぬ死ぬ詐欺」「北朝鮮のスパイ」とレッテルを貼られ、携帯電話の番号がさらされ、深夜の電凸《でんとつ》に悩まされた。日本軍の「慰安婦」として被害に遭った女性たちを撮影した写真家・安世鴻《アンセホン》さんの写真展が中止に追いこまれた事件の応援をしたり、大阪朝鮮高校のラグビー部の活躍を描いた映画を一緒に作ったりするなかで、「在日認定」されることになった。

世の中にはもっと理不尽な目に遭っているひとがたくさんいる。朝日新聞の植村隆元記者のように、決まっていた大学教員のポストを奪われ、家族が身の危険にさらされたひともいる。三一年前には朝日新聞阪神支局が襲撃され、小尻知博記者が命を落とした。

「赤報隊」による記者への襲撃をとても他人事とは思えなかったわたしは、三〇年にわたって犯人を追い続ける樋田毅記者から大切なヒントをもらった。

犯人の手がかりを求めて会うひとたちは、ほぼすべてアンチ朝日新聞だった。樋田さんは、歴史、とくに戦争についての考え方で相手と大きく意見が異なるときは論争をいとわなかった。相手から情報を聞き出すために、怒らすことはマイナスの場合もあったが、それでも違うときは違うと毅然と反論した。その中で樋田さんは右翼や暴力団からも信頼され、一目置かれるようになったという。そうした積み重ねが生かされて、朝日新聞が戦争に加担した時代の検証をする「新聞と戦争」という連載が生まれた。苦しいけれども、逃げずに対話をくりかえす。そこから少しずつ互いの関係が生まれる。妥協ではなく、互いを認めあった上での真剣勝負なのだった。

作家の百田尚樹氏や産経新聞から理不尽な攻撃を受ける沖縄の二つの新聞。二〇一八年三月二五日の琉球新報に、めずらしい記事が載った。入社二年目のT記者が、コラムで「自分はかつてネット右翼だった」と告白したのである。

Tさんは、地元大分の高校や、その後琉球大学に入ったばかりのころは、航空機や戦車にはまったミリタリーおたく。沖縄の米軍基地はアジアの平和のために絶対必要だと信じて疑わず、ネットで自分の一方的な意見を発信し続けていた。しかし、普天間飛行場の県内移設に反対する県民の大集会に参加し、高江のヘリパッドや辺野古の新基地反対の現場に足を運ぶようになると、少しずつ考えが変わっていく。Tさんとは違う考えの大人たちと、たびたび話をした。琉球大学の大学院に進学するころになると、もっと沖縄のことが知りたくなり、新聞社に就職。そこでまた学ぶことが積み重なった。

Tさんは、自分の中の変化が、現場に通い、いろいろなひとと出会うなかで生じたことを伝えたくてコラムを書いた。記事をフェイスブックにアップしたのは、MBS斉加ディレクターのドキュメンタリー『なぜペンをとるのか』の中で「沖縄の新聞記者は、先輩から学ぶんじゃないんです。沖縄戦の当事者から教わることで記者に育っていくんです」と涙ながらに語った琉球新報の松永勝利記者だった。

記事は大きな反響を呼んだ。「元ネトウヨが沖縄で記者をやるなんてとんでもない」というような否定的な反応はほとんどなく、告白した勇気を称え、「人間の可能性に救われる思いがする」といった好意的な声がほとんどだった。このこともまた、垣根を越えてひとがわかりあうことが可能だということを教えてくれている気がする。

ハンナ・アーレントは『全体主義の起原』においてこんなことを書いている。「国民国家形成過程で、内なる異分子を排除することをきっかけに全体主義が生まれていく」のだと。確かに、蔓延するヘイトの言説は、純化の反作用として起きる差別排外主義と重なる。二一世紀のグローバリズムの中で、国境を越えてひとびとがつながる現実を目の当たりにしながら、偏狭な囲い込みに固執することがいかに滑稽で、現実に合わないフィクションであるかを見ておかなければならないと思う。

ロールズは『正義論』で、公正としての正義のために分配の社会的責任の必要性を説いたが、マイケル・サンデルは「居場所の与えられた自我」があってこその公共性を強調した。安住する居場所が先だとしたら、どうすれば囲い込みのない公共性を共有することができるのだろう。浅学のわたしには、わからないことだらけだ。

いまの社会は、不寛容と不愉快に覆われている。そうした中で、不寛容に対しても寛容でなければならないのか。それとも毅然と対峙すべきなのか。かつて渡辺一夫は「不寛容に対しての寛容」に言及し、ユマニストとしての豊かな知性と覚悟を示したが、いまそれを許容できる余裕がわたしにはない。現実におけるヘイトは、人間が生きていくための条件を奪うほどの破壊力を持ち、おぞましく低劣なものだからだ。

歴史に対する無知や差別に基づき歪曲された情報を大手メディアが垂れ流し、ネットを介して弱者に集中的に降り注ぐなどということは、許されざる事態であり、わたしたちが生み育ててきた人権を尊重する社会とは相いれない。そうした暴力にどう歯止めをかけるか、法律による具体的な規制を作ることを含め、わたしたちにとっての喫緊の課題である。

この原稿を書きながら、ジョージ・オーウェルの小説『一九八四年』を本棚から引っ張り出してみた。「あった」ことを「なかった」と信じきれるような「二重思考《ダブルシンク》」をひとびとに叩き込む、そんないびつな教育を推進しようとする政権が出現していた。内輪の連帯感を極限まで追求し、その外にいるひとたちを軽蔑・嫌悪・憎悪する社会が生まれていた。言葉はどんどんシンプルになり、思考はやせ細っていった。仲間とみなした人間には甘いが、敵とみなされると排除され、実際に殺されることさえあった……。

思えば『一九八四年』の世界は、すでにいまの日本社会にやってきているのかもしれない。この国の為政者は、自身にとって都合の悪いものは見ようとせず、考えようとせず、嘘をつくことの痛みさえない。一方、事実を追求するメディアに対しては「フェイクニュース！」と決めつけても恥じることがない。

この国の「真実」は危機に瀕している。それをかろうじて救おうとしたのが、二〇一八年三月二日から始まった朝日新聞の怒濤のようなスクープではないかとわたしは思う。『世界』（二〇一八年五月号）掲載の「メディア批評」には、その内実が詳細に記されている。

「東京・大阪本社合同の特別チームが放った特ダネだった。事件取材に強い東京社会部のデスクが現場の指揮をとり、チームの統括には大阪経済部長を経験した編集局長補佐。（中略）『慰安婦』や原発報道の誤りを教訓に、記事は淡々と。事実だけを書き、見出しで煽らず、統括の局長補佐が最終判断をして出稿された。『複数の情報ルートでウラを取り確認した』と関係者は言う。（中略）社運を賭ける。今度失敗したら、従業員を路頭に迷わせる。リスクを取って特ダネを打った」

相手は権力者。黒を白と言いくるめることで生きてきた。反転攻勢に出ればひとたまりもない。それでも、事実に即して記事にすることの正しさ、確かさを信じて記事を連打したのだった。築地の朝日新聞本社の前には「ありがとう朝日新聞」と手書きしたプラカードを持つひとたちが立つようになった。弾が切れると、毎日新聞が続き、東京新聞が後を追い、一カ月後にNHKが、財務省が森友学園に口裏合わせを依頼していたという弩級のスクープをものした。いつもの「朝日の誤報」という総理の発言は飛ばなかった。

権力の監視をおこなうには、事実確認に手間がかかる。警戒する相手から情報を聞き出すわけだから、トラブルや誤解も生みやすい。その中で小さなミスが生まれ、それを権力は潰しにかかる。誤報のレッテルを貼り、なかったことにする。政権が出してくる餌をそのまま食べていたほうがミスは少なく、企業としての安定も見込めるのは確かだろう。行政はいつでも都合のいい情報をくれるのだから。だが、そこに堕落していては未来はない。

真実は、政権の都合のいいところには存在しない。ファクトを追い求め、ファクトに向かって頭《こうべ》を垂れる、地道で真摯な姿勢を失ってはならない。

魯迅は言っている。筆で書いた嘘は、血で書いた真実を隠すことはできないと。ジャーナリズムは、声をあげられないひとのためにある。しかもそれは、ジャーナリストだけでは成り立たず、よりよき読者・視聴者があってはじめて成立する。この本ではほとんど語ることが叶わなかったが、より成熟したメディアリテラシーも必要だろう。道は険しいが、事実を追い求めることを何より大切に思い、事実がわれわれを鍛えることを信じて歩んでいきたい。

この本をつくるにあたっては、超多忙の中、日頃の思いを原稿に結晶させた一三人の力があった。改めてお礼を申し上げます。大月書店の岩下結さんから構想をいただいたのは二〇一七年一二月のこと。そこから、どなたに書いていただくかを決めていった。執筆陣は東京と大阪に分かれたが、岩下さんとわたしは一緒に足を運び、この難しいテーマの本をまとめていった。半年の間に世の中は大きく動いた。二〇一八年四月末、朝鮮半島では南北首脳会談が開かれた。この歴史的なできごとが、日本のメディア状況にもさまざまな変化をもたらすことは必至だろう。岩下さんはヘイトに抗う出版人の先頭に立とうと頑張ってきた。彼がいなければこの本は生まれなかった。本当にありがとうございました。

序章でもふれた岸井成格氏は、ジャーナリズムの先達として数々の理不尽に抗ってこられたが、本書校了直前の五月一五日に亡くなられた。すべての権力は腐敗する――その監視の志を忘れなかった岸井さんの遺志を、わたしたちは引き継いでいかねばならない。

二〇一八年五月一六日

永田浩三

（付記）私が勤務する武蔵大学研究支援課から研究出版助成を受けるにあたって、尽力いただいた大屋幸恵・社会学部長や研究支援課の皆さんにお礼申し上げます。

望月衣塑子（もちづき いそこ）

東京新聞社会部記者。東京地検特捜部などを取材し，2004年に日歯連のヤミ献金疑惑をスクープ。その後，武器輸出問題などを取材し，2017年以降は森友・加計問題取材チームに。著書に『武器輸出と日本企業』『新聞記者』（以上，KADOKAWA），『追及力』（共著，光文社）ほか。

古田大輔（ふるた だいすけ）

BuzzFeed Japan 創刊編集長。朝日新聞で社会部記者，シンガポール支局長などを務めたのち，朝日新聞デジタル版の編集に携わる。2015年10月，BuzzFeed Japan 創刊にあたり編集長に就任。医療系サイト「WELQ」が不正確な記事を多数掲載していた問題など，ネット上のデマやフェイクニュースの検証に精力的に取り組んでいる。

香山リカ（かやま りか）

精神科医，立教大学現代心理学部教授。豊富な臨床経験を生かし現代人の心の問題を各種メディアで発言。ヘイトスピーチ問題に関しても積極的に発言・行動を続けている。『「いじめ」や「差別」をなくすためにできること』（筑摩書房），『リベラルですが，何か？』（イースト・プレス）ほか著書多数。

福嶋 聡（ふくしま あきら）

ジュンク堂書店難波店店長。1982年入社後，各地での勤務ののち難波店店長に。99年から続く連載「本屋とコンピュータ」（人文書院HP）は現在184回を数え，インターネット拡大の下での紙の本の行く末を幅広い視野で論じる。著書に『希望の書店論』『書店と民主主義』（以上，人文書院），『劇場としての書店』（新評論）ほか。

梁 英聖（りゃん よんそん）

反レイシズム情報センター（ARIC）代表。一橋大学大学院言語社会研究科博士後期課程。2015年に日本初のヘイトウォッチNGOとしてARICを立ち上げ，「政治家レイシズムデータベース」の運営，各種キャンペーン，相談・教育事業に取り組む。著書に『日本型ヘイトスピーチとは何か』（影書房）。

辻 大介（つじ だいすけ）

大阪大学大学院人間科学研究科准教授（社会学，コミュニケーション論）。著書に『コミュニケーション論をつかむ』（共著，有斐閣），主な論文に「計量調査から見る『ネット右翼』のプロファイル」（『年報人間科学』38号）ほか。

執筆者一覧（執筆順）

斉加尚代（さいか ひさよ）

MBS毎日放送報道局ディレクター。事件報道から教育まで幅広い番組制作に携わる。「なぜペンをとるのか～沖縄の新聞記者たち」（2015年）で第59回日本ジャーナリスト会議（JCJ）賞，「沖縄さまよう木霊～基地反対運動の素顔」（2017年）で第37回「地方の時代」映像祭優秀賞，第72回文化庁芸術祭優秀賞などを受賞。「教育と愛国～教科書でいま何が起きているのか」（2017年）で第55回ギャラクシー賞テレビ部門大賞。

西岡研介（にしおか けんすけ）

ノンフィクションライター。神戸新聞，『噂の眞相』『週刊文春』『週刊現代』などを経てフリーランス。『マングローブ　テロリストに乗っ取られたJR東日本の真実』（講談社）で第30回講談社ノンフィクション賞を受賞。他の著者に『ふたつの震災』（共著，講談社），『百田尚樹『殉愛』の真実』（共著，宝島社）ほか。

川端幹人（かわばた みきと）

元『噂の眞相』副編集長，「LITERA」編集者。1992年より『噂の眞相』で副編集長を務め，皇室記事や保守文化人批判，検察批判などを取材・執筆。2000年に右翼団体の襲撃を受け負傷。2004年に同誌休刊後，フリーの編集者・ジャーナリストに。2014年よりニュースサイト「LITERA」を立ち上げる。著書に『タブーの正体！』（筑摩書房）ほか。

臺 宏士（だい ひろし）

フリーライター，『放送レポート』編集委員。毎日新聞社会部記者として表現や報道の自由への規制問題などを取材。2014年退職。著書に『検証アベノメディア』（緑風出版），『秘密保護法は何をねらうか』（共著，高文研），『エロスと「わいせつ」のあいだ』（共著，朝日新聞出版）ほか。

北野隆一（きたの りゅういち）

朝日新聞編集委員。社会部でデスクを務め、北朝鮮拉致問題やハンセン病，水俣病，皇室を取材。共著に『祈りの旅　天皇皇后，被災地への想い』（朝日新聞出版），『徹底検証　日本の右傾化』（筑摩書房）ほか。

立岩陽一郎（たていわ よういちろう）

調査報道NPO「ニュースのタネ」編集長，ファクトチェック・イニシアティブ（FIJ）理事。NHKでテヘラン特派員，国際放送局デスクなどを務め，パナマ文書取材にも携わる。著書に『ファクトチェックとは何か』（岩波書店），『NPOメディアが切り開くジャーナリズム』（新聞通信調査会）ほか。

編著者
永田浩三（ながた こうぞう）
武蔵大学社会学部教授（メディア社会学）。元NHKプロデューサー。「ETV2001」番組改変事件の当事者として証言。NHKを退職後，映画「60万回のトライ」共同プロデューサー，「表現の不自由展」共同代表，「言論の不自由展」代表などを務める。著書に『NHKと政治権力』（岩波書店），『ベン・シャーンを追いかけて』（大月書店），『奄美の奇跡』『ヒロシマを伝える』（以上，WAVE出版）ほか。

装幀　鈴木衛（東京図鑑）
DTP　編集工房一生社

フェイクと憎悪《ぞうお》　歪《ゆが》むメディアと民主主義《みんしゅしゅぎ》

2018年6月15日　第1刷発行
2018年11月1日　第3刷発行

定価はカバーに表示してあります

編著者　永田浩三
発行者　中川　進

〒113-0033　東京都文京区本郷2-27-16

発行所　株式会社　大月書店

印刷　三晃印刷
製本　中永製本

電話（代表）03-3813-4651　FAX 03-3813-4656　振替00130-7-16387
http://www.otsukishoten.co.jp/

ISBN978-4-272-33094-2　C0036　Printed in Japan